区域一体化：高质量发展有效路径

侯永志　刘培林　等著

Regional Integration:
An Effective Pathway for High-quality Development

中国发展出版社
CHINA DEVELOPMENT PRESS

图书在版编目（CIP）数据

区域一体化：高质量发展有效路径 / 侯永志等著 . —北京：中国发展出版社，2020.11

ISBN 978-7-5177-1141-4

Ⅰ . ①区… Ⅱ . ①侯… Ⅲ . ①区域经济发展—经济一体化—研究—中国 Ⅳ . ① F127

中国版本图书馆 CIP 数据核字（2020）第 211796 号

书　　名：区域一体化：高质量发展有效路径
著作责任者：侯永志　刘培林　等
出 版 发 行：中国发展出版社
联 系 地 址：北京经济技术开发区荣华中路 22 号亦城财富中心 1 号楼 8 层（100176）
标 准 书 号：ISBN 978-7-5177-1141-4
经　销　者：各地新华书店
印　刷　者：北京市密东印刷有限公司
开　　本：710mm × 1000mm　1/16
印　　张：11.5
字　　数：145 千字
版　　次：2020 年 12 月第 1 版
印　　次：2020 年 12 月第 1 次印刷
定　　价：48.00 元

联 系 电 话：（010）68990625　68990692
购 书 热 线：（010）68990682　68990686
网 络 订 购：http://zgfzcbs. tmall. com
网 购 电 话：（010）68990639　88333349
本 社 网 址：http://www.develpress. com
电 子 邮 件：410198200@qq.com

DRC

2020

国务院发展研究中心研究丛书

“推动区域一体化发展的重点、难点和应对策略研究”课题组

课题负责人：

侯永志　国务院发展研究中心发展战略和区域经济研究部部长、研究员

刘培林　国务院发展研究中心发展战略和区域经济研究部一级巡视员、研究员

课题协调人：

施戍杰　国务院发展研究中心发展战略和区域经济研究部研究室副主任、副研究员

课题组成员：

何建武　国务院发展研究中心发展战略和区域经济研究部副部长、研究员

卓　贤　国务院发展研究中心发展战略和区域经济研究部副部长、研究员

刘　勇　国务院发展研究中心发展战略和区域经济研究部二级巡视员、研究员

宣晓伟　国务院发展研究中心发展战略和区域经济研究部二级巡视员、研究员

刘云中　国务院发展研究中心发展战略和区域经济研究部研究室主任、研究员

孙志燕　国务院发展研究中心发展战略和区域经济研究部一级调研员、研究员

贾　珅　国务院发展研究中心发展战略和区域经济研究部研究室副主任、副研究员

刘小鸽　国务院发展研究中心发展战略和区域经济研究部一级主任科员、助理研究员

方创琳　中国科学院地理科学与资源研究所研究员

邵　晖　北京师范大学经济与资源管理研究院副教授

史雅娟　北京城市学院首都城市环境建设研究基地副教授

宋逸群　国研经济研究院研究主管

张　颖　国务院发展研究中心发展战略和区域经济研究部实习生

解晓通　国务院发展研究中心发展战略和区域经济研究部实习生

尹　琼　国务院发展研究中心发展战略和区域经济研究部实习生

贾伟娜　国务院发展研究中心发展战略和区域经济研究部实习生

罗翌桐　国务院发展研究中心发展战略和区域经济研究部实习生

为决战决胜全面建成小康社会贡献高端智库更大智慧和力量

马建堂

2020年是全面建成小康社会决战决胜之年和“十三五”规划收官之年。面对突如其来的新冠肺炎疫情，在以习近平同志为核心的党中央坚强领导下，全国人民以习近平新时代中国特色社会主义思想为指导，坚决贯彻落实中央各项方针政策，紧扣全面建成小康社会目标任务，统筹推进疫情防控和经济社会发展工作，迎难而上、奋力拼搏，决战决胜全面建成小康社会，确保如期全面建成得到人民认可、经得起历史检验的小康社会。

小康社会是中华民族对幸福生活的千年期盼，全面建成小康社会是中国共产党的奋斗目标和庄严承诺。党的十八大以来，以习近平同志为核心的党中央顺应我国经济社会新发展和广大人民群众新期盼，提出了全面建成小康社会新的目标要求，赋予了“小康”更高的标准、更丰富的内涵、更全面的要求。全面建成小康社会，是“两个一百年”奋斗目标的第一个百年奋斗目标，是中国共产党向人民、向历史作出的庄严承诺，是中国特色社会主义进入新时代的重大历史任务，也是乘势开启全面建设社会主义现代化国家新征程、实现中华民族伟大复兴中国梦的重要里程碑，具有十分重要的实践意义、历史意义和世界意义。在习近平新时代中国特色社会主义思想指引下，我国决战全面建成小康社会生动展开、决胜在即。

一是经济迈向高质量发展。习近平总书记指出，我国经济已由高速增长阶段转向高质量发展阶段，正处在转变发展方式、优化经济结构、转换增长动力的攻关期。以经济建设为中心是兴国之要，经济迈向高质量发展是全面建成小康社会的重要物质基础。党的十八大以来，我国积极推进一系列体制机制改革和政策创新，大力推动经济发展质量变革、效率变革、动力变革，经济高质量发展取得了显著成效。2012～2019 年，我国经济增长平均速度达到 7.0%，在世界主要经济体中保持领先，持续成为推动世界经济增长的动力源。2019 年，我国 GDP 达到 990865 亿元，接近 100 万亿元，人均 GDP 按年平均汇率折算达到 10276 美元，标志着我国经济发展迈上了新的台阶。同时，产业结构持续优化，制造业内部结构升级趋势明显，化解产能过剩取得实效，供给体系质量逐步提高。

二是创新驱动成效显著。习近平总书记强调，创新是引领发展的第一动力。全面建成小康社会，解决我国发展面临的突出短板问题，守住安全底线，提高发展的平衡性、包容性和可持续性，根本的出路唯有实现创新驱动。党的十八大以来，我国持续加大创新资源投入，通过全面深化改革不断释放和激发全社会的创业创新热情，自主创新能力显著增强，创新型国家和人才强国建设取得决定性进展。2012～2019 年，全社会研发经费投入从 10298 亿元增长到 21737 亿元，7 年间翻了一番，目前研发经费支出占 GDP 比重已达到 2.19%，超过欧盟 15 个初创国家平均水平。持续投入结出了累累硕果，我国在基础研究、前沿技术等领域取得诸多重大突破，产生一批在世界上叫得响、数得着的重大成果。创新对经济社会发展的引领力不断增强，全员劳动生产率稳步提高，2019 年已达到 115009 元/人。科技与经济深度融合，智能制造、无人配送、在线消费、医疗健康等新产业新业态新商业模式持续高速发展，对经济社会发展的支撑作用不断增强，不少领域在全世界处于领先水平，这一点在新冠肺炎疫情暴发期间表现得尤为突出。

三是发展协调性明显增强。习近平总书记指出，现代化建设各个环节、各个方面要协调发展，不能长的很长、短的很短。协调发展是全面建成小康社会的应有之义。从发展目标上说，协调就是要让全体人民共享发展的成果；从发展手段上说，协调就是要扬长避短，既要巩固和厚植原有优势，也要着力破解难题，补齐短板，克服“木桶效应”，从而提高整体发展质量，挖掘发展潜力，增强发展后劲。党的十八大以来，我国一系列重点发展战略举措都体现了协调发展的理念，取得了明显成效。在区域协调发展方面，我国提出了京津冀协同发展、长江经济带发展、粤港澳大湾区建设、长三角一体化发展、黄河流域生态保护和高质量发展等重大战略，持续支持革命老区、边疆地区、贫困地区加快发展，不断缩小地区发展差距。2019 年我国东部地区人均 GDP 是西部的 1.76 倍，比 2012 年下降了 0.08 倍。反映 31 个省区市人均 GDP 不均等程度的基尼系数从 2012 年的 0.237 下降到 2019 年的 0.235。在城乡协调发展方面，着力实施乡村振兴战略，坚持工业反哺农业、城市支持农村和多予少取放活的方针，促进城乡资源均衡配置，加快推进农业农村现代化步伐。2019 年城镇居民人均可支配收入是农村居民的 2.64 倍，比 2012 年明显下降。

四是人民生活水平和质量普遍提高。习近平总书记强调，让老百姓过上好日子是我们一切工作的出发点和落脚点。全面建成小康社会，人民是最终的阅卷人，必须坚持以人民为中心的发展理念，紧紧抓住人民最关心最直接最现实的利益问题。2013～2019 年，我国全年城镇新增就业人数都在 1300 万人以上，在一个有 14 亿人口的大国实现了比较充分的就业。2012～2019 年，我国居民人均可支配收入从 16510 元增长到 30733 元，收入分配差距问题有所缓解，中等收入人口比重持续上升，经济增长和社会发展成果真正被广大人民共享。截至 2019 年底，全国参加城镇职工基本养老保险的有 43482 万人，参加城乡居民基本养老保险的有 53266 万人，参加基本医疗保险的有 135436 万人。作为一个发展中国家，我国建成了全世界覆盖面最广的社会保障网，有效解除了广大人民的后顾之忧。全面小康是惠及全体人民的小康，是没有一个人掉队的小康，其中最艰巨的是打赢精准脱贫攻坚战。习近平总书记多次强调，小康不小康，关键看老乡。2012～2019 年，我国年末贫困人口从 9899 万人减少到 551 万人，连续 7 年年均减贫 1000 万人以上，9000 多万人已经稳定脱贫，贫困发生率从 10.2% 降到 0.6%，脱贫攻坚取得了决定性成就。这是人类减贫史乃至发展史上前无古人的壮举。

五是国民素质和社会文明程度显著提高。习近平总书记指出，只有物质文明建设和精神文明建设都搞好，国家物质力量和精神力量都增强，全国各族人民物质生活和精神生活都改善，中国特色社会主义事业才能顺利推向前进。党的十八大以来，中国梦和社会主义核心价值观深入人心，已经内化为人们的精神取向、外化为人们的自觉行动，成为当代中国精神的集中体现，凝结着全体人民共同的价值追求。随着对教育、卫生等公共事业的持续投入，2018 年我国劳动年龄人口的平均受教育年限达到 10.63 年，人均预期寿命达到 77 岁，国民思想道德素质、科学文化素质、健康素质明显提高，为创建知识型、技能型、创新型劳动者大军提供了坚实人力基础。特别是在2020年初新冠肺炎疫情暴发后，习近平总书记亲自指挥、亲自部署，始终把人民群众生命安全和身体健康放在第一位，带领全党全国人民打响疫情防控的人民战争、总体战、阻击战，并迅速扭转局面，取得疫情防控持续向好态势，有力保障了人民健康安全。

六是生态环境质量总体改善。习近平总书记强调，环境就是民生，青山就是美丽，蓝天也是幸福。良好的生态环境是最公平的公共产品和最普惠的民生福祉，是全面建成小康社会的重要内容，否则，就会影响小康社会的“成色”。党的十八大以来，我国明确实行了最严格的生态环境保护制度，逐步健全了以主体功能区制度为核心，以源头预防、过程控制、损害赔偿和责任追究为主要内容的生态文明制度体系。党的十九大提出要坚决打好污染防治攻坚战，以改善生态环境质量为核心，以解决人民群众反映强烈的突出生态环境问题为重点，围绕污染物总量减排、生态环境质量提高、生态环境风险管控三类目标，全面推进蓝天保卫战，着力打好碧水保卫战，扎实推进净土保卫战，大力开展生态保护和修复，强化生态环境督察执法，保证党中央关于生态文明建设决策部署落地生根见效。由于这些努力，近年来我国环境质量改善速度之快前所未有，生态环境发生了历史性、转折性和全局性的变化。空气质量明显改善。2019年，在监测的337个地级及以上城市中，空气质量达标的城市占46.6%，比最近可比的2015年提高了25个百分点；全国细颗粒物（PM2.5）未达标地级及以上城市的年平均浓度为40微克/立方米，比2015年下降了29.8%。水环境质量明显好转。全国地表水Ⅰ－Ⅲ类水体比例达到70%以上，劣Ⅴ类水体比例控制在5%以内。能源资源消费更加集约。2019年，每万元国内生产总值用能量为0.49吨标煤，比2012年下降了24.5%；每万元国内生产总值用水量67立方米，比2012年下降了38.8%。

七是各方面制度更加成熟更加定型。习近平总书记指出，新时代改革开放具有很多新的内涵和特点，其中很重要的一点就是制度建设分量更重，改革更多面对的是深层次体制机制问题，对改革顶层设计的要求更高，对改革的系统性、整体性、协同性要求更高，相应地，建章立制、构建体系的任务更重。全面小康是我国近现代发展史上的一次重大历史变革，其建成、巩固以及在此基础上开启我国社会主义现代化国家建设新征程，都要依靠沿着正确方向深化改革形成的成熟定型的国家制度和国家治理体系。党的十八届三中全会开启了全面深化改革、系统整体设计推进改革的新时代。近几年来，我国坚持和完善党的领导制度体系、人民当家作主制度体系、中国特色社会主义法治体系、中国特色社会主义行政体制、社会主义基本经济制度、繁荣发展社会主义先进文化的制度、统筹城乡的民生保障制度、共建共治共享的社会治理制度、生态文明制度体系等，主要领域的基础性制度体系基本形成，重要领域和关键环节改革成效显著，按制度办事、依法办事意识普遍提高，运用制度和法律治理国家的能力显著增强，各方面制度优势正不断转化为管理国家的效能，为全面建成小康社会提供了强大制度保障。

在决战决胜全面建成小康社会的宏伟征程中，国家高端智库肩负着光荣而重大的职责使命。今年以来，国务院发展研究中心深入学习贯彻习近平新时代中国特色社会主义思想，深入学习贯彻习近平总书记重要指示批示精神和党中央决策部署，扎实开展“不忘初心、牢记使命”主题教育，不断增强“四个意识”、坚定“四个自信”、做到“两个维护”，党的建设自觉性主动性和初心使命意识进一步增强，为党咨政、为国建言的质量进一步提高，支撑主责主业、服务中央决策的能力进一步提升，政务运转和服务保障工作进一步提效，国际交流合作机制进一步深化，“智库创新工程”带动智库体制机制建设实现新的突破，国家高端智库建设迈上新的台阶。

过去一年，我们围绕经济社会发展全局性、战略性、前瞻性、长期性和重点热点难点问题开展深入研究，推出一大批高质量研究报告，进一步提高了服务中央决策的能力和水平，共完成几十项中央交办重大课题，高质量完成长江三角洲区域一体化、海南自由贸易港制度与政策体系等多项重大研究任务。

呈现在读者面前的这套“国务院发展研究中心研究丛书2020”，就是一年多来中心部分代表性成果的集中展示。本年度丛书计划出版10余部著作，其中包括国务院发展研究中心重大研究课题报告和研究部（所）承担的重点研究课题报告。这也是“国务院发展研究中心研究丛书”自2010年至今连续第11年出版。11年来，丛书累计出书150余种，受到社会各界读者，特别是中央和地方各级领导同志以及政策咨询研究机构工作人员的高度关注和广泛好评，成为我国智库业界的知名出版物。在此，我谨代表国务院发展研究中心和丛书编委会，向广大读者表示真诚的感谢，希望丛书继续得到领导、专家、读者们的关心、指导和帮助。

当前，我国正站在一个开启全面建设社会主义现代化国家伟大征程的新起点上。国务院发展研究中心将更加紧密地团结在以习近平同志为核心的党中央周围，继续深入学习习近平新时代中国特色社会主义思想，全面贯彻党的十九大和十九届二中、三中、四中全会精神，不忘初心、牢记使命，唯实求真、守正出新，持续提高综合研判和战略谋划能力，加快智库体制机制创新，着力深化国际交流合作，奋力开拓国家高端智库建设新局面，为推进国家治理体系和治理能力现代化、决战决胜全面建成小康社会、实现“十三五”完美收官和“十四五”顺利开局、向第二个百年奋斗目标进军，贡献更大的智慧和力量！

2020 年 8 月 17 日

（作者为国务院发展研究中心党组书记、研究员）

前　言

2018年11月，习近平总书记在首届中国国际进口博览会上宣布，支持长江三角洲区域一体化发展并上升为国家战略。2019年12月，《长江三角洲区域一体化发展规划纲要》正式发布。我们认为，当前区域一体化发展最有条件在长三角地区率先探索，取得经验后，未来也有条件和必要推广到全国其他地区。为探索新时期区域发展战略，我们特开展此项研究，以科学认识区域一体化相关规律，准确识别推进区域一体化发展的重点难点问题，并在此基础上提出应对策略。

区域一体化的内涵包括双重维度。一方面，“一体化”是区域发展在空间层面的目标状态。随着发展阶段的演进，产业体系的空间范围不断拓展、逐渐突破行政区边界，不同地区的人们对发展平衡性的要求日益增加，公共事务的跨界属性也显著增强。这就要求区域发展在空间层面从少数地区率先增长转向一体化高质量发展，打破生产、分配和治理三个维度的分割。另一方面，“一体化”也是推动区域发展的新路径。相较传统路径，其着眼范围从“个别地区”转向“整体区域”，实施举措从“特惠政策”转向“普惠政策”，动力机制从“地方竞争”转向“地方合作”，推进方式从“碎片化”转向“系统性”。

新时期推动区域一体化发展的重要意义在于构建高质量发展动力系统。具体包括三个方面：一是有助于破解行政区经济对资源要素空间层面优化配置的制约，提高发展的效率；二是有助于破解地区分化对发展成果共享的约束，提高发展的包容性；三是有助于破解公共事务跨界属性增强与协同治理程度低的矛盾，提高发展的可持续性。

城市群、都市圈是推动区域一体化发展的重点区域。按照空间尺度由小到大排序，一国内部区域一体化所涵盖的空间范围可以包含同城化、都市圈、城市群、经济带等多个层级。城市群、都市圈已逐渐成为我国城镇化的主形态和带动区域增长的动力源，既构成新形势下区域政策的重要依托，又具备一体化的基础和条件。因此，推动区域一体化发展应着重促进城市群和都市圈的整体谋划、统筹布局和协同发展。

本项研究提出推动区域一体化发展应当以优化“政府与市场、地方与地方、中央与地方”的关系为主线，建立涵盖规划衔接、统筹协调、利益分配、督促考核的保障机制，并将以下六方面作为主攻方向。具体包括：打破地方保护，促进商品和要素市场一体化；消除“断头路”，促进基础设施互联互通；引导错位竞争，促进产业合理分工布局；构建协作机制，促进创新资源整合与利益分享；提升协同程度，促进跨界公共事务合作共治；优化供给体系，促进基本公共服务均等化。

本项研究共包含一个总报告和十个专题报告。专题报告分别从新技术革命、交通基础设施、都市圈、空间规划、地方政府以及国际经验等方面探讨区域一体化发展的一般性政策问题，并将粤港澳大湾区、成渝城市群作为典型地区探讨迈向区域一体化发展的基本路径。本项研究得到了国家自然科学基金（项目批准号：71573063）的支持。

目 录

专题报告三

专题报告四

专题报告五

专题报告六

专题报告七

专题报告八

专题报告九

专题报告十

总报告

以区域一体化构建高质量发展动力系统

区域一体化发展是以城市群、都市圈为主要载体，推动实现市场一体、联通便捷、产业融合、创新协作、治理协同、成果共享的区域战略新安排。这一战略安排有助于破解行政区经济对资源要素空间层面优化配置的制约，提高发展的效率；有助于破解地区分化对发展成果共享的约束，提高发展的包容性；有助于破解公共事务跨界属性增强与协同治理程度低的矛盾，提高发展的可持续性。当前推进区域一体化发展，应当以优化“政府与市场、地方与地方、中央与地方”的关系为主线，建立涵盖规划衔接、统筹协调、利益分配、督促考核的保障机制，将打破市场地方保护、消除交通“断头路”、引导产业错位竞争、构建创新协作机制、提升治理协同程度、优化公共服务供给作为主攻方向。

随着我国经济发展进入新阶段，跨地区的要素流动和人员往来日益频繁，经济、社会联系更加紧密。以城市群、都市圈为载体，推动实现市场一体、联通便捷、产业融合、创新协作、治理协同、成果共享的区域一体化发展，有助于打造高质量发展的动力系统，带动我国实现更加高效、包容、可持续的发展。

一、如何认识区域一体化发展

1.“一体化”是区域发展在空间层面的目标状态。随着发展阶段的演进，产业体系的空间范围不断拓展、逐渐突破行政区边界，不同地区的人们对发展平衡性的要求日益增加，公共事务的跨界属性也显著增强。这就要求区域发展在空间层面从少数地区率先增长转向一体化高质量发展，打破“生产、分配和治理”分割。在生产维度，实现商品和要素自由流动，推动分工体系不断深化；在分配维度，实现发展成果共同享有，推动地区、城乡、人群之间绝对和相对差距逐步缩小；在治理维度，实现跨界公共事务共同治理，推动建立既有良性竞争又能有效合作的政府关系。

2.“一体化”也是推动区域发展的新路径。一是着眼范围从“个别地区”转向“整体区域”，更加注重依托毗邻地区经济联系促进联动发展。二是实施举措从“特惠政策”转向“普惠政策”，不是打造政策洼地，而是通过优化营商环境激发企业的内生动力。三是动力机制从“地方竞争”转向“地方合作”，更加注重在生产、分配、治理维度建立跨地区协调机制。四是推进方式从“碎片化”转向“系统性”，更加注重从实现市场一体、联通便捷、产业融合、创新协作、治理协同、成果共享等多维度共同发力。

3.“一体化”效应的发挥是受多种因素制约的动态过程。一是城镇化阶段。在城镇化前中期，资源要素因集聚效应更多向中心城市流入；在城镇化中后期，资源要素因扩散效应更多从中心城市向周边流出。二是市场一体化和基础设施联通水平。两者决定中心城市与周边地区经济联系密切程度，制约资源要素流动水平，进而影响集聚或扩散效应大小。三是公共资源分配的平衡性。公共资源密度越高，对人口及其附着的生产要素吸引力越大。若公共资源在中心城市过度集中，则会阻碍和延迟扩散效应的发挥。

4. 区域一体化的空间范围应以城市群、都市圈为主要载体。按照空间尺度由小到大排序，一国内部区域一体化所涵盖的空间范围可以包含同城化、都市圈、城市群、经济带等多个层级。当前，城市群、都市圈已逐渐成为我国城镇化的主形态和带动区域增长的动力源，既构成新形势下区域政策的重要依托，又具备一体化的基础和条件。中央也提出，“建立以中心城市引领城市群发展、城市群带动区域发展新模式”。[①] 因此，区域一体化发展应着重促进城市群、都市圈的整体谋划、统筹布局和协同发展。

5. 区域一体化与全国范围统筹既共融也互补。一方面，由于不同区域之间存在共性，区域一体化是全国范围统筹的先导。尤其在商品市场和要素市场统一、基础设施联通、公共服务共享等方面，区域一体化能够为全国范围统筹奠定基础、积累经验，最终将在全国范围建立统一市场、实现基础设施通达程度均衡和基本公共服务均等化。另一方面，因地理因素影响、经济紧密性的差别，不同区域之间也存在异质性，区域一体化与全国范围统筹又互为补充。尤其在产业分工布局、创新资源整合、跨界事务共治等方面，通过区域一体化深化毗邻地区合作具有独立意义。

① “中共中央国务院关于建立更加有效的区域协调发展新机制的意见”，中国政府网（http://www.gov.cn/zhengce/2018-11/29/content_5344537.htm）。

二、区域一体化发展是新时期构建高质量发展动力系统的重要路径

（一）有助于破解行政区经济对资源要素空间层面优化配置的制约，提高发展的效率

在很长一段时期，地区之间的横向竞争激励地方政府通过财政补贴、税收减免、土地优惠等特惠政策招商引资，以带动当地经济发展。这一区域发展模式与当时人均资本水平低、农村剩余劳动力多、要素流动集聚效应强的发展阶段相适应，能够有力促进物质资本积累，吸引农村劳动力进入城市；但也产生行政区经济，导致地区间市场分割、产业同构等负面后果长期存在。

随着我国发展阶段的演进，人均资本逐步增加，物质资本回报率开始下降；同时，劳动力供求出现转折，“城城流动”对城镇化贡献显著提升。① 在新的发展条件下，经济发展方式要从主要依靠物质资本积累转向更多依靠要素优化配置和技术创新。与之相对应，地方政府特惠政策的效能逐步减弱，行政分割的负面影响却不断增加。而地区之间的经济联系越紧密，这种行政分割的负面影响就越显著。以城市人均 GDP 变异系数衡量，我国 13 个主要城市群内部均存在明显的发展差异，其中 7 个城市群的内部差异要高于城市群之间的差异（见图 1）。这说明城市群内部存在资源要素的空间错配。② 这就要求通

① 参见施戍杰. 保持经济稳定增长与优化收入分配结构良性互动研究[J]. 学习与探索，2018（7）；刘世锦主编：《中国经济增长十年展望（2020—2029）：战疫增长模式》，北京：中信出版社2020年版。

② 考虑到生产要素自由流动在提高资源要素空间配置效率的同时，也能促进人均GDP收敛。因此，人均GDP变异系数的高低能体现资源要素空间错配的程度，从而衡量区域一体化发展所能释放的增长潜能。

过推进区域一体化发展，打破行政区经济壁垒，让资源要素在自由流动中实现优化配置，促进毗邻地区产业分工和创新协作，释放出增长新动能。

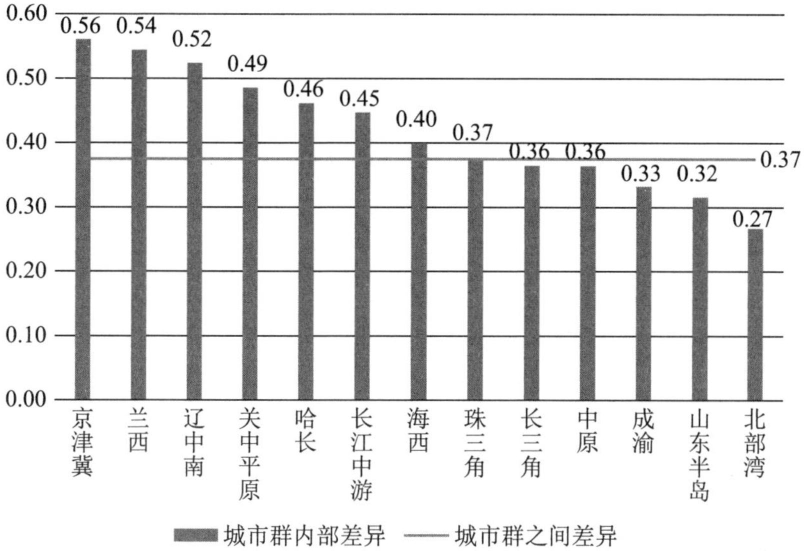

图1　2018年13个主要城市群内部及之间人均GDP差异

注：城市群内部差异，由城市群内部各城市人均GDP的变异系数衡量；城市群之间差异，由13个主要城市群人均GDP的变异系数衡量。

数据来源：（1）作者根据《中国城市统计年鉴2019》中相关城市的“全市人均GDP”与“全市平均人口”两项指标计算。（2）城市群空间范围参见文末附表。

（二）有助于破解地区分化对发展成果共享的约束，提高发展的包容性

当前，我国不同地区居民福利水平差距仍然较大。2019年，东部地区人均可支配收入分别比中部、西部和东北高出51.5%、64.4%和44.1%。[1]而以教育、医疗领域人均财政支出衡量，东部地区基本公共服务水平也明显超过其他地区（见图2）。即使在东部地区内部，

① 作者根据《中国统计年鉴2020》数据计算。

差异同样较大。2019年，河北人均财政教育支出分别只有京津两地的38.3%和67.6%；人均财政医疗支出分别只有京津两地的36.9%和72.3%。[①] 随着人力资本对经济增长的重要性不断增加，落后地区公共服务欠缺不利于其内生动力集聚，可能导致循环累积效应。

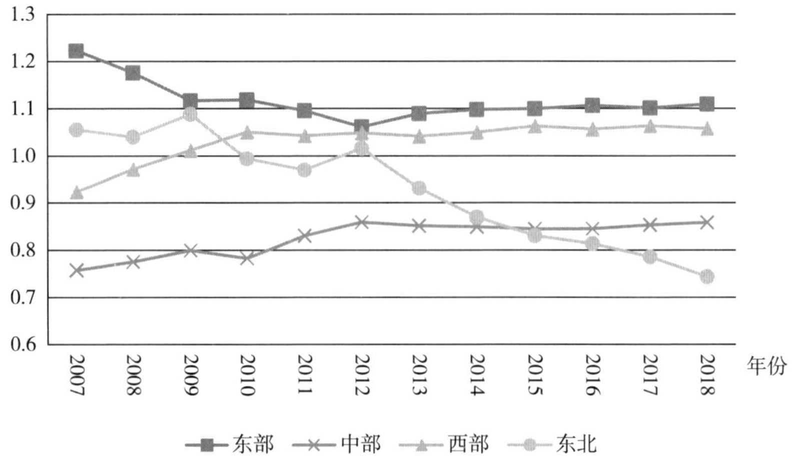

图2　分区域人均基本公共服务占全国平均水平比重

注：基本公共服务由地方财政在教育、医疗领域的人均支出衡量。
数据来源：作者根据《中国统计年鉴2020》和国家统计局数据库数据计算。

破解新时期社会主要矛盾，需要促进不同地区居民福利水平趋同，但受到地区分化的约束。一者，随着农村剩余劳动力减少，各类城市普遍扩张态势已经结束，部分中小城市出现人口外流，缺少发展动能。再者，在新科技革命背景下，创新对增长的推动作用愈加显著，而所需要的资本和人才规模也不断增加。禀赋有限的中小城市难以深度参与技术进步并分享收益，从而可能在分工体系演进中被长期锁定在低端。三者，各地发展条件和发展水平差异大，也导致全国层面基本公共服务均等化很难一蹴而就。

① 作者根据《中国统计年鉴2020》数据计算。

推动区域一体化发展，有助于通过促进中心城市与周边地区的人口流动和创新协作，破解中心城市“大城市病”加剧与中小城市发展动能缺失并存的矛盾，在整合创新资源的同时也让周边地区分享技术进步的收益，缩小地区间发展差距。同时，城市群内部经济、社会联系更加紧密而基本公共服务差距也很明显。例如，以城市人均医院床位数的变异系数衡量，13 个主要城市群内部差异较大，其中 9 个城市群的内部差异要高于城市群之间的差异（见图 3）。有条件和必要以城市为载体率先推进基本公共服务均等化。

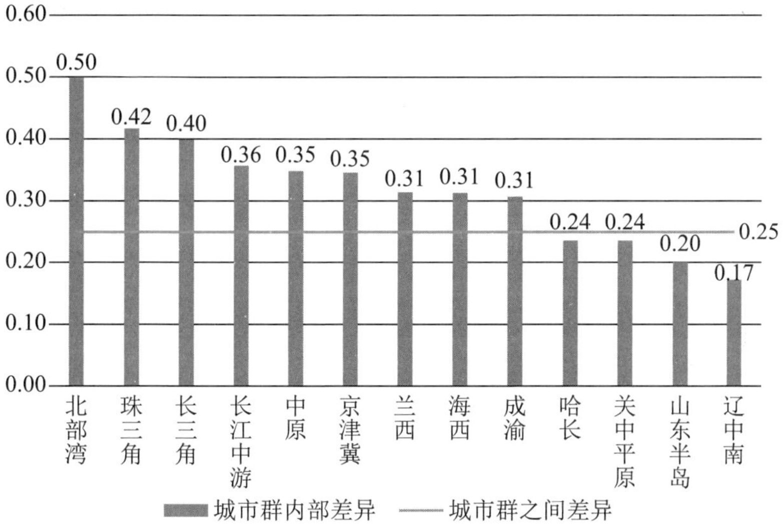

图3　2018年13个主要城市群内部及之间人均医院床位数差异

注：城市群内部差异，由城市群内部各城市人均医院床位数的变异系数衡量；城市群之间差异，由13个主要城市群人均医院床位数的变异系数衡量。

数据来源：（1）作者根据《中国城市统计年鉴2019》中相关城市的“全市医院床位数”与“全市平均人口”两项指标计算。（2）城市群空间范围参见文末附表。

（三）有助于破解公共事务跨界属性增强与协同治理程度低的矛盾，提高发展的可持续性

当前我国城镇化率已突破 60%，处于社会、环境矛盾的凸显期。

随着跨地区要素流动和人员往来日益频繁，经济、社会联系更加紧密，公共事务的空间外部效应也不断增大。例如，空气污染受地理阻隔、产业集聚等因素影响存在连片特征，具有很强的跨界属性。生态环境部公布的 2019 年 168 个重点城市空气质量排名中，后 20 位城市均处于我国北方，其中，中原城市群占 10 个，京津冀城市群占 6 个，山东半岛和关中平原城市群各占 2 个（有交叉，见表 1）。又如，人口跨地区流动、企业跨地区经营要求公共服务能够实现异地便捷办理。而在传统泾渭分明的属地管理模式下，跨地区协同治理程度低、领域窄、缺乏有效保障，难以破解治理收益和治理成本在空间层面分布不均衡的矛盾。因此，必须推进区域一体化发展，建立促进地区间协同治理的体制机制。

表1　2019年1—12月168个重点城市空气质量排名后20位城市名单

排名	城市	所属城市群	排名	城市	所属城市群
倒1	安阳	京津冀/中原	倒11	保定	京津冀
倒2	邢台	京津冀/中原	倒12	济南	山东半岛
倒3	石家庄	京津冀	倒13	聊城	中原
倒4	邯郸	京津冀/中原	倒14	新乡	中原
倒5	临汾	关中平原	倒15	鹤壁	中原
倒6	唐山	京津冀	倒16	临沂	—
倒7	太原	—	倒16	洛阳	中原
倒8	淄博	山东半岛	倒18	枣庄	—
倒9	焦作	中原	倒18	咸阳	关中平原
倒10	晋城	中原	倒20	郑州	中原

注：（1）安阳、邢台和邯郸既属于京津冀城市群，也属于中原城市群。太原、临沂、枣庄不在13个主要城市群空间范围内。（2）临沂和洛阳并列，枣庄和咸阳并列。

数据来源：（1）城市名单参见“生态环境部公布2019年全国地表水、环境空气质量状况”，生态环境部，http://www.mee.gov.cn/xxgk2018/xxgk/xxgk15/202001/t20200123_760936.html。（2）所属城市群，参见文末附表。

三、推进区域一体化发展的机制和对策

（一）推进主线

以优化“政府与市场、地方与地方、中央与地方”的关系为主线，转变政府职能，让市场在资源配置中发挥决定性作用，构建地方政府间既有良性竞争又能充分合作的新型关系，在赋予地方政府更多权限的同时，增强中央政府对跨地区事务的统筹能力。

（二）保障机制

建立跨地区规划衔接机制。以城市群、都市圈为空间范围制定总体规划引领一体化发展。建立规划评估机制，对各地落实情况进行考核。增强规划约束力，各地规划要与总体规划保持一致。

建立多层次统筹协调机制。构建地方政府常态化合作机制，对跨地区重大事项共同决策。在交通、环保、公共服务等具体领域建立专项协调机制。设立专家委员会，提供第三方建议和评估。

建立利益分配机制。鼓励毗邻地区发挥各自比较优势合作招商、共享税源。探索并实施有利于企业跨地区转移的系统化税收分配方案。构建生态补偿等横向转移支付制度。

建立督促考核机制。转变对地方政府的考核内容和方式，使之从只追求本地利益转向着眼整体效益，从只注重增长转向对经济、分配、治理的总体考量，增强合作，推动高质量发展的主动性。

（三）主攻方向

打破地方保护，促进商品和要素市场一体化。商品和要素自由流动是区域经济一体化的本质要求。要厘清政府和市场边界，打破所有割裂市场的显性和隐性壁垒。要转变政府职能，从依靠特惠政策转向

通过优化营商环境招商引资。要实现区域内市场准入、监管标准统一，建立各类企业跨地区自由进出并平等竞争的制度和政策环境。要提高司法部门独立性，增强市场法治化水平。

消除“断头路”，促进基础设施互联互通。交通基础设施是人员、货物、信息往来的支撑载体。要从整体效益最大化角度对跨地区基础设施统一规划、共同建设、合作运营，避免因财政能力、设施标准、建设进度不一导致“断点”。要实现公路、铁路、航空、航运、通信等不同类别基础设施有机结合。要在不同发展阶段合理配置区域内基础设施资源，促进各地区动态平衡发展。

引导错位竞争，促进产业合理分工布局。产业体系在空间层面有机融合是区域一体化发展的物质基础。要建立产业专项规划，立足各地禀赋，明确产业定位，避免无序竞争、重复建设。要共同促进产业转型升级，推动一般制造业等传统产业在区域内有序转移，发挥各自优势合力推动新产业新业态发展。要探索联合招商引资，促进产业链供应链横向衔接，鼓励产业集群跨地区发展。

构建协作机制，促进创新资源整合与利益分享。创新是推动区域发展和结构调整的重要动力。一方面，要促进创新要素在区域内自由流转，突破行政条块束缚和企业、高校、科研院所间的壁垒，以市场为纽带形成各地区、各主体的创新合力。另一方面，要促进从研发、应用到制造的创新链在空间层面合理布局，让不同地区依据自身条件参与创新，共同分享技术进步的收益。

提升协同程度，促进跨界公共事务合作共治。良好的公共治理是区域高质量发展的重要保障。要拓宽协同治理广度，使合作范围从单一的环境保护，拓展到经济、交通、公共服务等各领域中空间外部性强的公共事务。要加大协同治理深度，通过采用数字技术和实现信息共享，推进跨地区公共服务更大程度整合。要增强协同治理稳定性，探索通过立法机制保障地区合作的规制性。

优化供给体系，促进基本公共服务均等化。基本公共服务均等化是区域一体化发展中涉及面最广、与民众联系最密切的举措。要以“互联网 + 政务服务”为依托，突破行政分割，提高跨地区获得公共服务的便捷性。要通过推进地区间教育、医疗合作，提高公共资源分配均衡性，缩小中心城市与周边地区、城市与农村间公共服务的差异。要通过推进户籍人口城镇化，增加常住人口中公共资源的覆盖面，缩小不同群体间享受公共服务的差异。

执笔人：课题组

参考文献

[1] 侯永志，张永生，刘培林等著. 区域协同发展：机制与政策. 北京：中国发展出版社，2016

[2] 库姆斯等著. 经济地理学：区域和国家一体化. 北京：中国人民大学出版社，2011

[3] 艾伯特・赫希曼. 经济发展战略. 北京：经济科学出版社，1991

[4] 孟庆民. 区域经济一体化的概念与机制. 开发研究，2011（2）

[5] 俞建拖，陈春春. 我国大城市群一体化的趋势与政策建议. 国务院发展研究中心《调查研究报告》，2019年第2号（总5502号）

[6] 孙志燕. 新技术革命对中国区域经济的影响及政策建议. 中国经济报告，2019（1）

[7] 易承志. 跨界公共事务、区域合作共治与整体性治理. 学术月刊，2017（11）

附表　　全国13个主要城市群及其空间范围

城市群名称	包含区域
京津冀城市群	北京、天津、石家庄、唐山、秦皇岛、邯郸、邢台、保定、张家口、承德、沧州、廊坊、衡水、安阳
长三角城市群	上海、南京、无锡、常州、苏州、南通、扬州、镇江、盐城、泰州、杭州、宁波、温州、湖州、嘉兴、绍兴、金华、舟山、台州、合肥、芜湖、马鞍山、铜陵、安庆、滁州、池州、宣城
珠三角城市群	广州、深圳、珠海、佛山、江门、东莞、中山、惠州、肇庆
长江中游城市群	武汉、黄石、鄂州、黄冈、孝感、咸宁、襄阳、宜昌、荆州、荆门、长沙、株洲、湘潭、岳阳、益阳、常德、衡阳、娄底、南昌、九江、景德镇、鹰潭、新余、宜春、萍乡、上饶、抚州、吉安
成渝城市群	重庆、成都、自贡、泸州、德阳、绵阳、遂宁、内江、乐山、南充、眉山、宜宾、广安、达州、雅安、资阳
哈长城市群	哈尔滨、大庆、齐齐哈尔、绥化、牡丹江、长春、吉林、四平、辽源、松原
关中平原城市群	西安、宝鸡、咸阳、铜川、渭南、商洛、运城、临汾、天水、平凉
中原城市群	郑州、开封、洛阳、平顶山、新乡、焦作、许昌、漯河、鹤壁、商丘、周口、安阳、濮阳、三门峡、南阳、信阳、驻马店、晋城、长治、运城、邯郸、邢台、聊城、菏泽、亳州、宿州、阜阳、淮北、蚌埠
北部湾城市群	南宁、北海、钦州、防城港、玉林、崇左、湛江、茂名、阳江、海口
兰西城市群	兰州、白银、定西、西宁、海东
辽中南城市群	沈阳、大连、鞍山、抚顺、本溪、丹东、营口、辽阳、盘锦
山东半岛城市群	济南、青岛、淄博、东营、烟台、潍坊、威海、日照
海西城市群	福州、厦门、莆田、三明、泉州、漳州、南平、龙岩、宁德、温州、衢州、丽水、鹰潭、赣州、抚州、上饶、汕头、梅州、潮州、揭阳

注：（1）城市群划分范围主要依据相关规划，并借鉴了俞建拖、陈春春（2019）[①]。

（2）考虑到数据可得性和统计口径一致性，城市群以地级市（直辖市）为基本分析单元。

（3）本报告所分析的城市是行政区划意义上的，既包含市辖区，也包含农村。

（4）部分城市群的空间范围存在交叉，为客观反映各城市群区域一体化情况，未对其进行剔除。

---

① 需要指出的是，我们在城市群选择和部分城市群范围划分上与之存在差异，在指标分析方面与之不同。

专题报告一

新技术革命与区域一体化发展

2018 年，我国数字经济规模已达到 31.3 万亿元，占 GDP（国内生产总值）的比重为 34.8%。各地区的数字经济都呈现高速增长的态势，增速在 10% ~ 25%，显著高于同期国民经济的增速，11 个省市的数字经济规模超过了 1 万亿元。① 数字经济的快速发展，尤其是传统行业部门数字化水平的提高，使地区之间要素流动、资源配置、利益分配的路径和模式出现了显著变化，区域经济的空间体系结构也随之改变。基于数字技术形成的新空间体系存在哪些新的问题和风险，未来国家的经济布局如何优化以适应经济数字化转型的内在要求，不同类型地区如何在数字经济构成的空间体系中实现更高质量的分工合作，这些都是亟须深入研究的问题。

本文重点从人口、产品等要素的跨区域流动和城市空间网络的角度，对近期我国区域经济空间结构变化的总体趋势，以及新的空间体系潜在的风险进行探讨，为进一步完善我国区域政策，构建更加科学

① 数据来源：《中国数字经济发展与就业白皮书（2019 年）》。

的区域一体化机制，适应数字经济转型的要求提供政策参考。

一、经济数字化正重塑我国区域经济的空间结构

（一）人口、产品等要素跨区域流动减缓的趋势已显现，流动的空间半径趋于缩小

本文用客运和货运总量（包括公路、铁路、航空等各种运输方式）的增量与GDP增量之比来衡量人口、产品在不同区域的流动性。如图1所示，我国客运量自2015年开始持续负增长，2019年的客运总量相比2014年降幅超过了20%；同期货运量的增速也明显下降，2019年为负增长，比2018年减少8.5%。相对于经济总量的变化，无论是客运还是货运跨区域的流动性都已显现出减缓的趋势。而这一趋势并非我国独有。与数字经济总体规模居全球第一的美国相比，其国内货运和客运的流量变化也显现出与我国基本一致的趋势。自2011年起，美国的货运量持续下降。2017年，货运增量与GDP增量之比，相比2010年降幅大约在70%。[①]旅客周转量的波动比较大，2011年为负增长，之后有所上升，2015年之后又开始下降。2017年公路、铁路和航空旅客周转量的增量与GDP增量的比值，比2015年下降大约40%。

从要素流动的空间半径来看，2018年我国货运的平均运距比2010年下降约9.2%，旅客铁路运输的平均运距同比下降近20%，公路和民航的平均运距略有增长。从客运量减少的地区分布来看，广东、江苏、山东、四川等人口流入流出大省下降的幅度最为显著，2018年广东客运总量比2010年减少近70%，同期四川减少近60%。但同期我国公路、

① 数据来源：Wind数据库。

铁路、航空等营业里程、路网密度都保持了快速增长，如铁路网密度与 2000 年相比大约翻了一番，公路网的密度比也扩大 1.9 倍。由此可推断，运量和运距下降的主要原因并非交通基础设施条件所限。

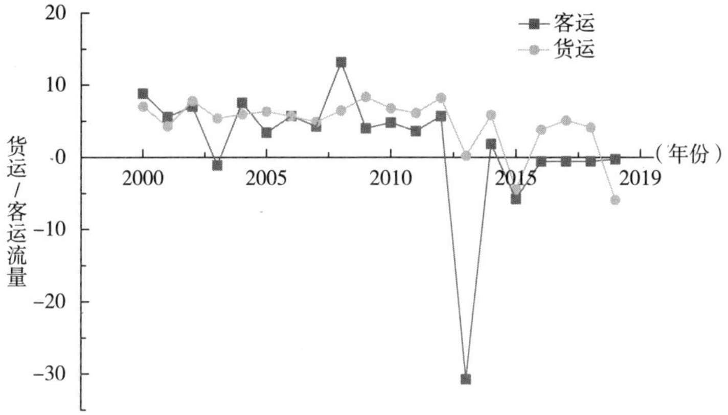

图1　2000—2019年我国货运/客运流量变化

在传统经济模式下，人口、产品等要素的跨区域流动，通常会随着一国经济规模的扩大、交通基础设施体系的完善而增长。但如上文所述，近期我国要素的流动在基础设施条件显著改善的情况下却出现了与之相反的趋势。这与我国经济增长减速和产业结构调整有关，但更主要的原因是新一轮生产方式、经济活动组织模式的变革。由于经济数字化水平的提高，发达地区工业、服务业等领域信息技术的应用更加广泛，产生了显著的劳动力替代效应，同时一些传统的服务部门和专业技术服务等服务性产品的数字化，都在一定程度上减少了人口跨区域流动的需求。

（二）城市体系的网络密度增加，多中心的空间结构正在形成

由于人口、产品等要素的空间流动在新一代技术进步和产业变革的推动下出现了显著变化，区域经济的空间体系也随之深度调整。本

文利用空间引力网络模型，并用地区之间人均 GDP 之比（发展水平差距）、百度城市间人口的迁徙数据（人口流动）对模型进行修正，分别测算了 2010 年和 2018 年我国 35 个城市（直辖市、省会城市和计划单列市）在整个区域经济网络中的中心度，以及城市间的关联度（引力值表示）。中心度越高，代表该城市在整个网络中的影响力越大，集聚人口等各类要素资源的能力越强。主要变化趋势如下。

一是我国城市空间网络整体中心度指数略有下降。2018 年，上述 35 个城市为核心节点的区域经济网络整体中心度指数为 37.7%，比 2010 年下降约 4 个百分点。这一趋势主要源自两方面的驱动因素——天津、上海、广州等层级较高的城市中心度有所下降，如 2018 年天津相对于整体网络中心度下降约 30%；而武汉、重庆、成都、郑州等中间层级城市中心度相对提高，如同期武汉的中心度提高 31.2%，重庆提高 27.3%。中西部区域板块中的部分中心城市在整个区域网络中的影响力正在增强，以北京、上海和广州三极支撑的空间结构逐步向多极化方向演变，城市网络体系的非均衡性在一定程度上有所缓解。

二是城市网络体系的密度增加，城市间的关联度加强。2018 年，我国 35 个城市构成的网络体系，其密度相比 2010 年提高了 6 个百分点（见图 2 和图 3），同期城市间引力值超过 2.5① 的比例提高了 40%，一线城市（北京、上海、广州和深圳）之外的城市之间引力值超过 2 的比例提高了大约 17%，中心度相对较低的城市之间的关联度也有所提高，新的区域性网络初步形成，如以重庆、成都为核心的西南地区，以武汉、郑州为核心的中部地区等。但需要重视的是，目前我国城市之间的关联关系更多表现为核心城市的引力远大于周边城市

① 为便于比较，本书将城市间引力值标准化为0～10的无量纲数值。

的引力，而具有相对均衡双向引力的关联城市，如北京—天津、上海—南京、成都—重庆等依然较少。

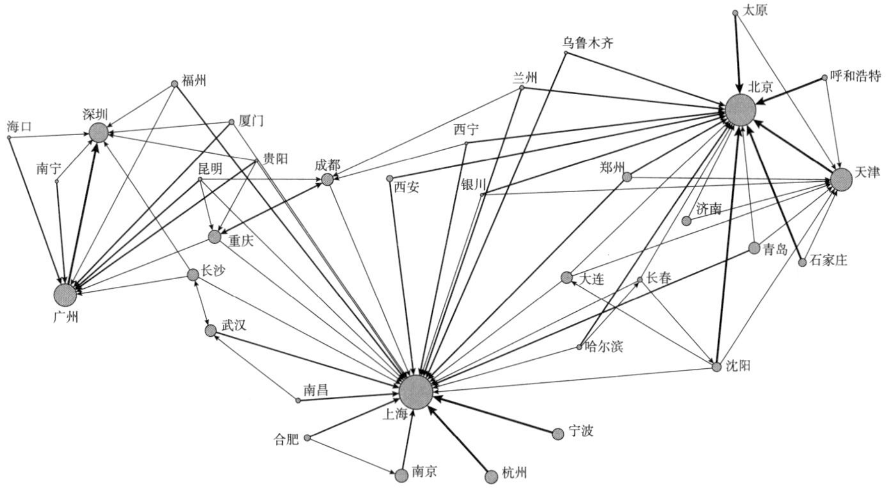

图2　2010年我国空间网络结构图[①]

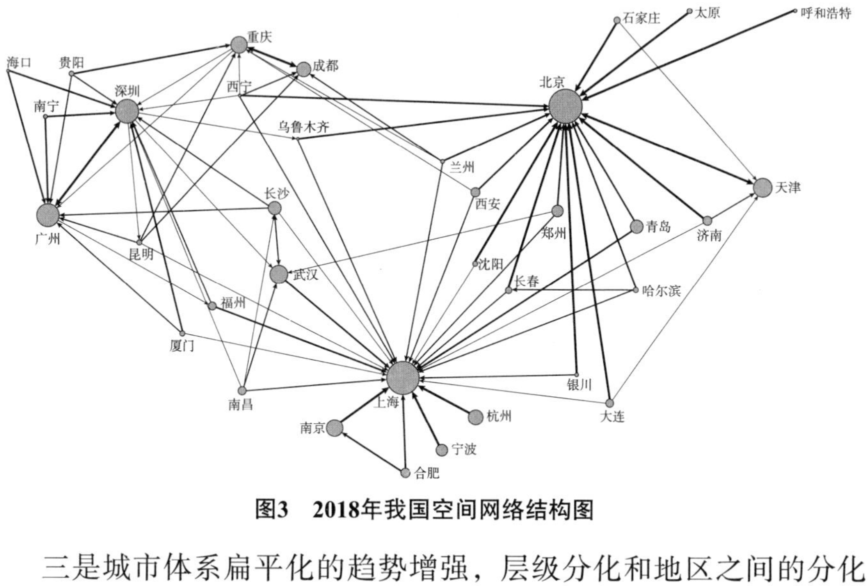

图3　2018年我国空间网络结构图

三是城市体系扁平化的趋势增强，层级分化和地区之间的分化愈加明显。尽管整体上我国城市体系网络的中心度有所降低，空间

① 图2和图3中圆圈大小表示城市中心度，连线粗细表示城市间引力值。

结构的平衡相对于上一个发展阶段有所提高，但从不同发展水平和不同区域的中心城市来看，仍存在着显著的分化。东北地区三个省会城市和大连的中心度下降得更为明显，相互之间的关联度也弱于其他地区。甘肃、青海等西北地区中心城市的中心度也没有明显提高。再从城市群的维度来看，除了长三角城市群之外，在2010—2018年，其他城市群内部向中心城市极化的趋势不仅没有减弱，还在进一步增强。如京津冀城市群，北京的中心度提高而天津、石家庄下降；成渝城市群继续向成都、重庆极化；长江中游城市群则表现为向武汉极化的趋势。随着我国服务业比重提高、制造业比重下降，再加上各行业数字化水平的提高，势必会推动人口和产业进一步向区域性中心城市集聚，导致整个城市体系层级的减少，加剧城市网络扁平化的趋势。

二、未来我国要素流动和空间结构演变将呈现三大新趋势

综合近期我国要素流动和空间结构变化的主要特征，以及新一代技术革命和数字经济的特性，未来我国要素流动和区域经济空间结构将呈现出以下基本趋势。

一是生产要素和产品的数字化在一定程度上会降低人口、产品等实体经济要素流动的内在需求，人口跨区域的流动将随着经济数字化水平的提高而减缓，流动的方向也会出现结构性调整。“数据”作为一种新的生产要素，已经参与到越来越多的经济活动之中，数据资源的产生和应用几乎可以分布到所有空间。一些传统意义上的产品和服务（专业技术服务、金融等）在物联网、混合现实等新技术的支撑下已转变为超越地理空间、具有高度流动性的数字化产品，而这种数字

化的要素在虚拟空间的自由流动，在某种意义上会替代实体要素在地理空间上的流动。

二是经济活动组织模式的平台化将进一步加速我国城市体系结构的多中心化和扁平化。“平台化”是经济数字化的重要特征之一，不仅包括线上交易平台，还包括供应链的平台化、行业的平台化。平台化的产业组织模式具有强大的网络集聚效应，在地区之间构成了与传统产业分工完全不同的供应链网络，成为城市体系和分工格局重塑的重要推动力。考虑到我国各地区经济的数字化水平尚存在显著差异，部分地区在数字经济转型的大背景下将难以避免地出现“收缩”，加剧空间结构扁平化演变。

三是价值链分工体系的数字化，资源要素空间配置的传统路径与格局将改变。区块链、大数据、人工智能等新技术的应用，将分散在价值链不同环节的资源、产品、服务数字化。数字化的资源要素在不同区域的流动也会随着数字经济的发展而加快，推动区域经济的“去中心”化，加快一体化程度更高的空间网络结构的形成。

三、适应空间结构演变新趋势，调整完善区域政策，更好推动区域一体化发展

“数字化”已成为第三次技术革命背景下经济、社会发展不可逆转的趋势。对我国区域经济的空间结构，既有促进均衡、提高资源要素配置效率的积极作用，也增加了地区之间网络一体化水平提高之后的系统性风险，即出现在某个地区的“不确定性”事件，其影响都会沿着更广泛的经济网络扩散、放大。未来区域政策的调整不仅要顺应数字经济背景下要素流动的新趋势，更要重视地区间网络一体化加速

过程中的“不确定性”风险防范。具体建议如下。

第一，顺应数字经济时代人口流动的新趋势，进一步优化公共服务资源的空间布局，提高区域性中心城市公共服务的可及性。在数字经济加快发展的背景下，人口跨区域流动的规模将逐步趋于稳定，但空间分布的结构会加快调整，更适宜于数字经济发展的二线城市或者区域性中心城市将成为未来人口聚集的主体。与此同时，会出现更多人口或产业的“收缩城市”。因此，公共服务资源的配置要与新的空间网络结构相匹配，教育、医疗、科研等公共资源要在保持一定规模性的同时适当分散布局，增强区域中心城市公共服务需求与供给能力的匹配度。利用新一代信息技术建立区域性的公共服务共享平台，在地区之间建立公共服务共享和调配的网络，增强“收缩城市”和非中心城市公共服务的可及性，为地区遇到重大突发事件（如自然灾害、网络、公共卫生事件等）时能够及时获得相应的公共产品 / 服务。

第二，强化国家层面空间规划的统筹作用，促进产业在空间上更均衡地布局，加强对地区之间供应链分工深化所带来的结构失衡和地区极化的风险防范。数字经济对区域经济最深层次的影响，实际上是供应链在更大空间范围内的延长和重组。与传统经济模式下的地区分工相比，数字经济发展中的先发地区，不仅具有规模集聚的累积效应，对供应链还拥有自然的垄断优势。不具有竞争优势的后发地区在供应链数字化和分工调整中，则被进一步“专业化”，甚至有些地区只是先发地区的“仓库”或者“数据备份中心”，并未真正进入数字经济的供应链分工体系之中，大量的劳动力、土地资源都被锁定在低附加值部门，长期来看不利于其经济增长。数字经济越发展，这种分工就会越深化，地区之间的发展就会越失衡，后发地区的经济也会由于过度地“专业化”而变得更加脆弱，整个区域经济系统的稳定性也会降低。

但这种分工格局很难单纯依靠市场机制改变，需要发挥国家空间规划的统筹协调作用，尤其是要把握我国数字经济尚处在拓展时期的政策窗口，加快编制地区之间一体化的空间规划。借助新一代信息技术，推动产业、基础设施等重点领域空间布局的整体优化，为后发地区创造有利条件，引导供应链不同环节在空间上相对均衡地布局。

第三，采取更有倾斜性的政策支持区域性中心城市的发展，在地区之间构建更加均衡稳定的网络化结构，适应数字经济背景下空间结构扁平化的发展趋势。由于数字经济自身所具有的网络分布和“去中心化”的技术特性，地区之间在传统经济模式中形成的规模层级体系将逐渐被打破，经济活动的规模集聚也逐步转向网络集聚。从技术上而言，这种集聚具有无限扩展性，其规模要远远超越传统经济中的“集聚规模”，一些具有全球影响力的“超大规模”区域正在形成。目前全球排名前50位的城市，其经济总量占全球GDP的比重超过了20%。[①] 非核心地区聚集资源要素的能力被进一步弱化。这一趋势在我国区域经济中已非常突出，亟须采取相应的政策措施加以控制缓解。

由于区域经济极化的动力机制已根本改变，以往财政补贴、减免税收等政策工具很难发挥有效作用，要根据新的空间体系，加快区域政策体系的结构化改革，重点转向如何促进中小城市和非大都市区同大城市实现一体化发展，建立以城市群和大都市区为主体的一体化区域政策框架和协调机制。在财政、项目布局、数字基础设施、能源等政策领域加大对区域性中心城市的倾斜力度，使其真正参与到数字经济的分工之中，成为区域经济网络中的“增值层”，辐射带动更多中小城市的发展，从而构建更加均衡、稳定的空间结构。

---

① 资料来源：McKinsey City Scope.

第四，顺应区域经济空间结构网络化的趋势，加快完善区域一体化协调机制。随着信息技术向更多领域的渗透，地区之间网络极化的趋势将不可避免地增强，导致空间失衡加剧；再加上地区间的关联关系在网络化的过程中愈加复杂，局部地区出现的债务、环境、社会等各种风险和不确定性事件都可能迅速扩散到整个经济网络。因此，在经济数字化水平不断提高的背景下，我国的区域政策不仅要关注到地区经济发展过程中对基础设施、人力资本、金融资本等方面的政策需求，更需要重视区域经济网络化过程中所存在的系统“不确定性”，加快构建与数字经济相匹配的一体化协调机制，及时跟踪、评估和响应区域经济系统中的各种潜在风险，提高空间网络结构的稳健性。

重点包括：建立跨部门、跨地区的数据、信息沟通与共享机制。要涵盖人口、产业、重要公共资源等各领域的数据，为监测和评估区域经济发展中短期和长期的结构性风险奠定基础。加快建立横向的财政均衡机制，随着数字经济在国民经济中所占比重的提高，数字化资源和资产在经济活动中的地位越来越重要，也是经济增值的重要来源，但此类资产的流动性非常强，又通常被所有者垄断并获取垄断利润。但政府很难通过传统的税收政策和纵向的财政转移支付来调节数字资产的利润在地区间的不均衡分配，亟须建立更有效的横向财政均衡机制，促进各类地区共享数字经济发展的红利，防止地区差距进一步扩大。构建一体化的资源要素统筹配置机制，有效控制数字经济发展中的区域性垄断，推动空间布局向更加均衡的方向发展。该机制也可作为“不确定性”风险出现时的区域应急机制，尤其是要加强战略性资源和重要产业的区域统筹和一体化配置。

执笔人：孙志燕

参考文献

[1] Paul Collier. The future of capitalism. Penguin Random，2018

[2] UNIDO. Digital Economy Report 2019. UN，2019

[3] OECD. Going Digital：Shaping Policies，Improving Live. OECD Publishing，2019

[4] 种照辉，覃成林，叶信岳. 城市群经济网络与经济增长——基于大数据与网络分析方法的研究. 统计研究，2018（1）

[5] 吴炫，杨家文. 流动量与关注度视角下的城市网络结构——以广州、深圳为例. 地理科学进展，2019（12）

专题报告二

交通基础设施互联互通与区域一体化发展

交通基础设施与区域经济一体化具有重要的相关性，城市—区域内交通互联互通能有效地促进人才、物质、资金和信息流动，优化区域多中心网络化的空间布局，增强区域的竞争力和投资吸引力，进一步推进区域一体化高质量良性循环发展。

一、基础设施互联互通是区域一体化发展的必要物质前提

交通是构成城市增长极之间的桥梁，是促进物质、资金和信息流动的重要支撑载体，在促进区域经济一体化发展的进程中，交通基础设施通常被视为重要的区位优势因素。

（一）区域与交通的“点轴”理论

我国中科院地理所陆大道院士正式提出点轴理论和“T”字形空间结构发展战略。点轴理论是增长极理论的延伸和拓展，该理论认为少数呈斑点状分布的区域由于区位的先天优势而成为经济中心，

形成不同的区域增长极，是点轴开发模式的点。随着经济中心逐渐增加，点与点之间由于物质、能量和信息等交换的需要，将不断发展和实现交通线路以及动力供应线、水源供应线等基础设施的互联互通，即形成发展轴线。由于轴线便利的区位条件和与增长点之间的紧密联系，将不断吸引人口、产业在轴线两侧集聚，进而产生新的增长点。点轴贯通，就形成点轴系统，逐渐形成从发达区域的多个经济中心（点）沿交通线路向不发达区域纵深发展推移。基于点轴理论，陆院士提出了我国以海岸地带和长江沿岸作为国土开发和经济布局一级轴线的“T”字形空间结构发展战略，为国家国土空间发展提供了本土化创新的理论基础。

（二）交通基础设施产生空间效应

在区域增长极形成过程中，交通设施是促进虹吸效应的最重要基础设施，迅速吸引邻近区域的人力资源、资金、技术等生产要素，出现发达区域经济发展建立在欠发达区域损失基础上的“马太效应”。①

新经济地理学的克鲁格曼，基于报酬递增现象在经济生活中广泛存在的事实，利用“核心—外围”模型，分析国家内部产业集聚的成因，指出处于中心或者核心位置的是制造业区位，将运输成本减少进而引发经济集聚、外部性、规模经济等纳入了理论，为企业选择最优区位提供了理论依据。在资源不可流动的假设下，生产总是集聚在最大的市场，使运输成本最小并且取得递增报酬。

---

① 尹音频，王海滨. 基础设施投资的空间溢出效应分析——以沪昆沿线城市为例[J]. 城市问题，2011（8）.

（三）交通形成区域间的时空压缩

流动（Mobility）的观点认为，城市之间连接性的增强会导致物理邻近性的弱化，高效便捷的交通网络促使城市空间要素如人流、物流、信息流、资金流、技术流等加速在城市群各城市之间的流动速度，导致城市群中各个城市的区位被重新塑造，区域空间关系也将重新整合。区域性的大型基础设施能显著压缩城市—区域之间交通的时空距离，城市之间要素互动的成本降低，乘数效应和集聚效应在“增长极”和“交通轴带”等区域发展中的作用凸显，促进城市群重构经济活动组织方式和空间结构。①

（四）交通可达性带动知识溢出效应

由于交通基础设施的提升和城市可达性的增强，知识溢出效应将随之变得更加显著。尤其对交易成本比较敏感的技术和知识密集型的生产环节或产业而言，信息获取和交流是否便利而高效是影响其竞争力的主要因素。②可达性高的地区，对于信息的获取将具备更多的“机会”和“潜力”，能够更加便利地获取要素、信息与知识。因此交通基础设施的发展和完善将有助于提高区域可达性，缩短知识交流时间，提高知识交流效率，促进产业通过知识溢出效应得到更多发展机会和发展空间，得到长足发展。③

---

① 吴旗韬，张虹鸥，叶玉瑶，苏泳娴. 基于交通可达性的港珠澳大桥时空压缩效应[J]. 地理学报，2012，67（6）：723-732.

② 原小能，唐成伟. 劳动力成本，交易成本与产业结构升级[J]. 浙江大学学报（人文社会科学版），2015，4（5）：133-143.

③ 毛琦梁. 时空压缩下的空间知识溢出与产业升级[J]. 科学学研究，2019，37（3）：422-435.

二、交通基础设施互联互通不足掣肘区域一体化进程

交通设施是区域经济一体化的基础，其能快速形成区域交通经济带，促进发达区域增长点沿交通线路向其他区域纵深推移，如我国“T”字形发展战略。然而，在我国区域一体化发展中，大多数城市均存在不同程度的“断头路”问题，阻碍了轴带的梯度有序发展。

据统计，杭州西湖区有40.6%的“断头路”；[①]北京市朝阳区规划道路平均实施率不足50%，有近一半的街乡规划道路实施率低于平均实施率，有些甚至不足30%；[②]上海市城市区域衔接处存在各种“断头路”上百条；据《南京主城跨行政区断头路建设三年行动计划（2018—2020年）》，主城区跨区“断头路”共有48条，涉及7个行政区。我国大城市普遍存在主城区跨区“断头路”打通的困境。

（一）京津冀交通协同共享，但依然存在“断头路”现象

《京津冀协同发展交通一体化规划》（2015）的出台，为京津冀交通一体化的发展建设指明了方向。目前，京津冀区域已基本形成铁路、公路、民航、水运等多种运输方式、海陆空协调发展的区域综合交通网络。以京、津、石为综合交通枢纽的交通网络已经成形，截至2016年底，京津冀三地运输线路长9281.2公里，内河航道里程88公里，公路里程22.7万公里，2014—2017年共签订推进京津冀交通领域协同发展的协议8个。京津冀机场群和港口群的协同服务水平不断提升，环北京半小时通勤圈覆盖范围也逐步增大，截至2018年底，河北省1.5

---

① 赵灵琳. 城市道路规划建设的管理机制研究——以浙江省杭州市“断头路”为例[J]. 现代物业（中旬刊），2013（8）：34–35.

② 张斌源. 谈城市道路规划与建设中的“断头路”问题——以北京市朝阳区为例[J]. 交通企业管理，2014，29（12）：40–42.

万辆公交车及石家庄地铁完成了信息系统升级改造，实现与北京和天津交通的互联互通，涉及 11 个设区市的 900 余条城市公交线路，发放的京津冀互联互通卡也已达到 88 万张。

从目前的发展情况来看，京津冀城市群在“加快构建快速、便捷、高效、安全、大容量、低成本的互联互通综合交通网络”方面取得了显著成就，但依旧存在问题，亟待解决。

1. 京津冀区域城际交通系统衔接不畅

目前，京津冀区域城际之间和市郊之间的交通运输设施还存在严重不足。尤其是北京、天津两地与河北的客运基础设施通联非常有限，当前建成的仅京津、津保两条城际线，区域内其他的节点城市均缺乏良好的城际交通运输网络，阻碍了城市之间的互通。另外，市郊的轨道交通系统也不够完善，相比于京津，津冀之间的轨道交通设施更显滞后，导致城市群内部以及城市群对外联系方面均存在不足，影响与周边空港、海港等关键交通节点的对接，阻碍了京津冀一体化发展。

2. 首都交通疏解压力大，津冀运能不足

京津冀地区交通运输发展极度不平衡，区域内铁路运输功能过度集中于北京，天津和石家庄等枢纽城市的交通运输能力没能得到有效发挥，对京津冀协调发展及北京城市职能的转化产生了不利影响，也加重了北京市内部的交通运输系统负担。另外，京津冀核心城市存在大量职住分离人群，核心城市大量常住和外来流动人口对城市群内部交通系统提出更高要求，但京津冀城市间交通运输能力削减了周边地区对北京交通的疏解能力，影响了城市居民正常的生产生活，对城市群发展产生制约影响。

3. 交通建设资金紧张，工程进展存在差异

京津冀交通一体化的重要任务之一是打通京津冀间的“断头路”，

实现三地公路网高效顺畅连接。但交通设施往往由于其所需的投资规模大而回报周期长的特点导致其对社会和私人资本的吸引力低，建设资金紧张是现代交通发展需要突破的瓶颈，资金困难是地方政府进行交通基础设施建设需要解决的一大难题。2018 年，京津冀交通一体化重点建设率先突破的标志性工程是打通京秦高速京津冀间的“断头路”，2019 年 11 月京秦高速公路潮白河特大桥（河北段）交工验收，秦皇岛段还在施工中。

（二）长三角交通设施助力区域一体化，仍亟待破解“断头路”难题

近年来，长三角地区综合交通发展态势良好，城镇空间拓展与交通网络联系紧密。上海市城市规划设计研究院易伟忠研究发现，长三角地区交通基础设施建设与区域社会经济发展基本协调，在经济联系强度和城镇化水平等方面，与区内主要交通轴线高度契合，能够满足社会经济发展需要。城市群内部的三个重要的中心城市上海、杭州、南京之间形成三足鼎立的交通网络，沪宁（沿江）、沪杭甬等交通走廊对城市间的紧密联系提供了有效的保障。整体而言，长三角城市群内部的交通网络体系对城市群实现内部城市合理分工、要素高效流动、区域一体化协调发展提供了有力的支撑和促进作用。① 但是，长三角交通系统仍存在一定问题。根据《长三角地区高质量一体化发展水平研究报告（2018 年）》显示，长三角各地交通基础设施依旧存在有效衔接不畅的问题，缺乏区域统筹的综合性交通规划，需要加快破题和对接。

1. 综合交通网络体系有待完善

目前，长江三角洲地区的城市内部海陆空交通运输联动和一体化

① 易伟忠. 长三角城市群综合交通发展现状与展望[J]. 交通与运输，2017.

方面发展还不够健全。一方面，机场、港口与中心区连接不畅，重要交通节点之间缺乏高效连通，如上海市内综合交通网络不够完善，缺乏足够的快速通道以及较强的接驳能力，导致浦东机场和区域铁路之间的脱节，沿海地区的铁路通道和快速通道也未完全打开，影响交通节点对腹地经济社会发展的辐射带动作用。另一方面，跨区域交通基础设施由于受到行政体制等因素制约，区域统筹的综合性交通规划缺乏，影响了区域之间的协作能力和运行效率。如长三角城市群具有丰富的海港、江河以及航空运输资源，但往往区域之间同质竞争关系较多，协同互补较弱，导致优质交通资源无法发挥其最大潜能，影响了区域交通一体化发展。

2. 长三角打通跨省界“断头路”迫在眉睫

长三角省界“断头路”、城际铁路建设滞后，地区间铁路交通网密度差异较大，各类交通运输方式尚未实现无缝互通。上海青浦还有多条与江浙两省对接道路未接通，亟待打通省际“断头路”。2013 年首届沪苏浙皖闽赣综合交通发展研讨会由浙江省交通运输厅发起，该次会议签署了浙闽皖三省龙浦（浙江龙泉市至福建浦城市）、临金（安徽宣城至浙江金华）、沈海辅线（浙江苍南县到福建福鼎市）三条跨省高速路，明确对接地点。此次会议为解决跨区域的高速公路“断头路”问题提供了较好的样板，但各省未编入国高网的跨省高速公路，缺乏统一的规划和行政协调机制。[①] 截至 2019 年底，浙江沿海高速公路全线通车，闽、皖两省尚未查到相关进展情况。

---

① 谢丁，石斌，李连升等. “断头路”的攻坚信号[J]. 中国公路，2013（17）：24–30.

（三）珠三角九市力促道路互联互通，“断头路”成为大湾区主攻目标

近年来，随着区域一体化进程加快，珠江三角洲地区各城市间开始加大了与周边城市的交流与合作，积极推动跨区跨界的道路交通规划与实施，在区域协同发展方面取得了一定成效。随着2018年港珠澳大桥的建成通车，珠江口西岸地区的可达性明显提高，广佛肇经济圈先后打通了多条跨界道路，广佛同城化发展迅速，跨界交通接驳高效便捷，同时也促进了珠三角核心地区与粤西地区的交通联系。然而，据研究人员[①]调研显示，2017年珠三角九市跨界道路需进一步打通和优化的路段共计90项；按照跨界道路属性划分，其中城市道路占比37%，公路占比63%。该类“断头路”和“瓶颈路”的大量存在，导致珠三角各地市衔接不顺、通行不畅。2019年广州、深圳、东莞、珠海、江门等城市的政府工作报告中，依然强调加大区域交通建设，尽快以打通城市“断头路”为主，加快大湾区“1小时交通圈”建设步伐。

整体来看，珠三角地区采用规划先行、逐步推进、重点突破等措施有效推动了珠三角地区交通一体化的发展，但目前在珠三角地区跨区跨界交通基础设施的发展合作中，依旧存在一些问题。

1. 跨界道路协调沟通机制待完善

珠三角地区各城市发展水平和发展阶段存在差异，导致不同城市对交通的发展诉求、规划方案以及建设能力均存在一定差异，从而导致市际间的交通规划不一致或规划路线分歧，跨界道路建设时序安排不同步或建设标准不一致等诸多原因，导致区域内出现“断头路”。不断完善跨界道路建设的沟通协调机制是解决区域间交通发展争议的重要手段，有助于及时解决各地区之间跨界道路的规划衔接问题、路

① 方顺. 珠江三角洲地区跨界道路改善对策[J]. 广东公路交通，2017，43（5）：58-60.

线对接问题、建设时序问题、建设标准以及项目分工问题等，并可通过建立信息一体化管理和相应的协调制度来促进市际交通一体化的有效衔接。

2. 缺少省级层面的跨界协调机制

由于部分跨界道路项目路线方案、跨铁审批、环保审批等前期工作需要统筹推进，超出城市事权范围的协调难度较大，影响到一些跨区域的重大交通项目无法明确建设责任主体、责任目标，以及项目关键环节的责任单位和完成时限，导致整体项目进展缓慢滞后，给国家和人民带来不必要的损失。如果建立省级层面的协调监督机制，成立省级跨区域交通协调工作小组，完善跨界道路规划建设衔接交叉督查制度，将会有效地促进区域交通一体化的发展。

3. 跨界道路项目的要素保障不足

由于跨界道路项目在办理用地报批、征地拆迁、建设资金等方面需要大量的协调任务，若未列入市级相关建设计划予以统筹安排，涉及的人、财、物等要素资料不能保障按时到位，开展跨界道路项目的前期工作将面临诸多困难，连锁影响到项目建设实施进展速度。因此，若将打通“断头路”“瓶颈路”工程纳入属地市级的建设计划，可切实解决土地指标、土地报批、资金筹措、群众安置点等工作，有助于稳步推进跨界道路项目建设。

三、区域一体化进程中交通基础设施“断头路”的成因多元

交通基础设施对城市—区域经济发展和城市群空间结构的形成具有重要作用，城市—区域发展建设的体制机制、顶层规划设计、建设资金投入、建设时序以及地理自然禀赋等因素均会影响交通基础设施

的一体化建设与运营。

（一）存在跨区域发展政策性壁垒

交通作为区域间交流的重要通道，是沟通区域之间的重要桥梁，但由于区域之间的政策性壁垒，导致跨界区域的交通整体发展水平较低。中国的省际边界线是随着长期的历史发展而形成相对稳定的区域行政管理界线，其在边界内部自然条件具有相似性，行政管理和政策方针具有一致性，区域内和区域间的经济活动均受到行政边界的重要影响。省际边界地区是指两个或者两个以上的省级行政区域在交界处所构成的特定的地理空间。改革开放以来，省域内部中心城市受国家宏观层面效率优先政策因素的影响发展迅速，而中心城市对周边城市的"涓滴效应"随着距离不断弱化，导致大多数省际边界地区发展缓慢，成为社会经济发展中的弱势区域。[①]因此，区域发展战略，特别是发达地区优先发展的宏观发展战略，在一定程度上加大了核心区域与外围区域的发展差距，也会造成行政区域内边界地区的滞后发展。

（二）缺乏区域统筹综合交通规划

跨区域综合性交通规划的缺乏是造成"断头路"的主要因素之一。综合性交通运输规划是交通发展的顶层设计，自上而下编制区域性的综合交通运输规划可以整合区域交通运输发展中遇到的问题，协调下辖区域之间的矛盾，调动整体的积极性。由于分属不同的行政区域，道路"断头"对不同区域的影响不同。各区域管理者对打通"断头路"

---

① 曹小曙，徐建斌. 中国省际边界区县域经济格局及影响因素的空间异质性[J]. 地理学报，2018，73（6）：81–91.

的紧迫感差异较大，有的区域反应积极而相邻区域却无感的情况频繁发生，导致“断头路”问题很难推进。而从当前“断头路”较为普遍的区域来看，缺乏整体性的综合交通运输规划是导致“断头路”现象普遍的重要因素。

另外，同一区域内由于不同行政级别之间的专项规划引领缺失也是造成“断头路”的重要原因。由于县级和市级之间分工不同，对道路交通网络的关注点也不相同。市级层面主要负责对城市主要交通干线网络的规划和建设，而其他道路则由县级政府根据自身行政区内情况考量，导致行政区之间的道路连接情况缺少专门部门来统筹规划，“断头路”由此形成。同时，不同的道路类别标准不一致，就公路和城市道路而言，虽都属于公共服务设施，但公路（包括入城段）一般按公路标准建设，而城市道路则一般按照市政标准建设，导致两类道路的衔接存在一定障碍。另外，由于我国现处在快速的城镇化阶段，城市空间功能区的开发和建设往往快于道路等交通基础设施的建设，也是导致区域“断头路”形成的一个原因。①

（三）跨界交通投资建设步伐不同

当前，我国各城市之间发展不均衡，同一区域内部不同城市之间往往由于具有相似的资源禀赋和发展优势而存在一定程度的竞争关系，因此城市之间能否进行高效率的合作还往往取决于地方政府对于其经济发展的策略和政策的考量，制定出能保证双方利益最大化的合作发展策略往往并不容易，这导致区域内部交通网络结构失调，交通枢纽分工不清、协作性差。以京津冀地区为例，不同城市之间交通系统完善程度差异明显，大型交通枢纽之间功能失衡、协调性差、缺乏

---

① 曹虹宇.“断头路”成因及对策分析[J]. 绿色建筑，2016（4）：89-90.

职能分工、结构同质性强、协同作用弱而竞争关系明显等问题突出。目前北京市“摊大饼”式的交通网络结构，导致京津冀地区的大宗人流、物流均需在北京中转，对北京造成了严重的交通负担，而周边地区则难以获取发展红利；京津冀几个大型机场中，大兴机场的开通着实缓解了北京首都机场的超负荷运营状态，北京市交通首位度显著性突出，而区域内的天津机场和正定机场则运量不足；区域内部海港间缺乏分工协作，都以各自营利为首要目标，交通资源严重浪费。同样问题在广佛同城化中也有体现，广佛两市的跨界交通项目中，由于广佛两地经济发展诉求不同而在该项目上表现出不断的相互博弈，导致广佛新干线二期工程陷入屡推不进的困境，成为广佛交通一体化“最后一公里”的瓶颈。① 不同区域之间对跨界道路建设时序的不同也会导致阶段性“断头路”的形成。如珠海市人民西路建成通车时，需要与其对接的中山市环洲东南路还仅在“十三五”规划项目中。另外，跨界道路还往往受到前期线路方案、跨级审批、环保审批等准备工作推进困难的干扰，或者是用地报批、征地拆迁、建设资金制约等问题的限制，导致项目进展缓慢。如为满足广佛一体化交通需求而提出的拓宽三善大桥的项目工程就因涉及饮用水源和保护区问题而进展缓慢，严重影响了广佛之间的交通；而佛山魁奇路形成“断头路”的原因则是广州的番禺南大干线征地拆迁问题难以解决。②

（四）跨界区域的地理环境较复杂

中国幅员辽阔，各种气候、地形、地貌、水文地质条件区域差异巨大，导致不同地区的施工难度和施工量差异巨大，施工技术要求高。

① 叶林，赵琦. 城市间合作的困境与出路——基于广佛都市圈“断头路”的启示[J]. 中国行政管理，2015（9）：363-369.

② 方顺. 珠江三角洲地区跨界道路改善对策[J]. 广东公路交通，2017（5）：58-60.

省级行政区域的划分多以山川河流为主，地形地质复杂，施工难度较大。特别是地质复杂地区施工技术要求高，单位成本高，建设投资大，此类区域常存在“断头路”。[①] 交通运输地理环境不仅决定着运输活动地域分布和影响范围，对交通运输体系的建设也存在重要影响，如山地地表起伏大，路网密度低，道路等级较低，交通运量小而运输成本高；丘陵山地则往往有更多的桥梁、隧道、涵洞和隘口，通行能力差；同时山地和丘陵地区地形割裂严重，导致交通设施建设成本和维护成本均较高，造成交通基础设施建设存在一定困难。另外，地质环境对交通也存在重要影响，由于阶地陡坎的倾角较大，致使部分道路的坡度较大，给车辆交通运输带来不便。地势低洼则雨季容易积水，淹没公路，阻碍交通运输。

四、推动区域交通基础设施互联互通应多措并举协同发展

基础设施对经济社会发展具有基础性、先导性、全局性作用。我国区域基础设施一体化建设必须共建互联互通综合交通体系，以切实提升跨区域的省、市际交通基础设施的联通和共享水平，加快城市—区域的高速公路网络建设，积极协作共同打通跨域的“断头路”，提升城市对外交通的通达能力。

（一）构建区域一体化发展的体制与机制

1. 发挥市场调节作用助推区域发展

建设区域一体化的市场是促进区域一体化发展的首要目标。从我

① 赵西龙，王建伟，穆劲松. 中国高速公路“断头路”的分布、成因及影响分析[J]. 中外公路，2010，30（5）：343-346.

国目前的发展格局来看，东部沿海地区市场化程度较高，一体化市场的建设有利于区域资源要素的自由流通。但区域一体化建设的阻碍之一就是行政区经济，特别是当前考核中行政辖区内考核指标限定。共同市场的建立是要彻底打破发展要素流通的障碍，包括行政边界效应所造成的要素分割。区域一体化的共同市场需要破除户籍限制、劳动保障区域限制、金融服务区域限制等一系列措施。

此外，要加速形成市场化的生产要素体系，破除生产要素的二元化问题。要完善现代化的产权制度改革创新，为共同市场机制提供制度保障。要规范政府服务职能，为共同市场发展提供政策工具指导和灵活监管体系。

2. 加快行政体制改革和政府职能转变

“断头路”的出现是市场和政府手段配合失灵的映射。要解决“断头路”呈现的政府体制机制问题，关键在于明确当前政治制度运行中存在的问题，如政府的“越位”和“缺位”问题。十八届三中全会《决定》提出，全面正确履行政府职能，应着重从宏观调控、公共服务、市场监管、社会管理、保护环境等方面加强。在促进区域交通一体化发展的过程中，政府应建立科学合理的调控机制。政府部门特别是城市区域一体化内的地方政府要简政放权，促进市场机制的作用发挥，政府则主要抓宏观调控。明确政府服务社会的公共职能。区域内各级政府要树立连通、共享、统筹协调的服务意识，为区域一体化提供良好的外部环境，提高基础设施建设水平和社会服务水平。政府要科学监管市场运行。政府除促进公共服务设施建设的职能外，要结合市场力量进行科学监管，保障市场的良性运行。

3. 建立跨行政区的区域协调发展制度

需要建立常态化的专门协调机构与制度，为区域交通一体化制定发展的长远目标和长效机制。首先，组建跨区域的一体化发展领导小组，这是区域一体化最重要的组织保障。该领导小组由各地方党政主要领导组成，负责整个区域一体化的顶层设计、项目协调和统筹管理，形成区域统一的领导决策机制。其次，建立区域利益协调和平衡机制。基于区域一体化过程中涉及的建设项目、收益分配等问题，建立利益表达机制，给弱势地区表达发展诉求的均等机会。再次，建立区域的共同治理机制，针对区域经济社会发展的“外部共性”问题，纠偏地方政府的唯利益绩效导向错误，加大区域性生态环境治理在各地方政府考核中的比重。完善自然资源负债制度，健全考核标准。最后，构建一个统一的跨界治理的合作组织。从组织机构来看，虽然京津冀协同发展领导小组统领区域协调发展，但“一事一议”制度导致实际执行力非常有限，这就需要更高级别和更完善的区域协调组织来负责区域协同发展的各项事务。

（二）建设网络化通达的区域一体化交通设施

“断头路”是阻碍一体化区域要素流通的重要因素，因此需要从区域层面注重综合交通运输体系的规划和建设。首先，需要对区域内和区域外的交通运输需求全盘考虑，对各类交通要素统筹安排，明确分工协作机制，保证区域综合交通网络结构合理完善。

其次，区域内部交通要素整合和一体化发展要打破行政区划的制约，消除地方主义，才能保证区域交通结构合理有序，从而形成一体化高效的区域综合交通运输系统。

再次，要重视区域内各个网络节点城市的区位优势和比较优势，保证区域核心区对边缘区的引领和带动作用，保障区域交通干线的通达通畅，促进区域内公路、铁路、民航设施的衔接，促使区域内部交通资源优势充分整合，交通基础设施不断完善。

最后，区域综合交通一体化发展需以保护自然资源和生态环境为前提，保证区域交通运输网络与区域的社会、经济、资源、环境等协调发展，从而达到维护区域可持续发展目的。

（三）完善区域交通一体化运营管理策略

区域一体化的运营管理要坚持一贯的交通规划理念，公交优先。大力发展公交专用网络体系、快速公交系统、城市轨道交通和城际轨道交通体系，构建分工明确、协同作用的公共交通体系是区域交通一体化运营管理策略实施的基础。同时高效的交通网络体系还需考虑交通方式和交通工具的节能减排问题；此外，交通基础设施的规划与建设也应当将节能减排考虑在内。如根据当前的趋势来看，新能源汽车应预先设计充电设施，合理分配充电设施资源也是重要的交通规划内容。

区域交通设施一体化的管理和运营要基于市场竞争理论和区域交通的实际发展水平。由于站点布局、运能、速度及运输成本的差异，导致区域内不同交通运输方式之间竞争关系和互补协作关系并存。因此，在交通运输设施一体化运营管理中要依据区域自身的交通运输发展水平和不同交通运输方式的竞争距离，以此为基础构建完善的一体化运营管理机制。在区域交通设施一体化的管理运营中，既要突出智慧化手段管理的优势，又要合理安排区域的交通运输资源。这就要求既要关注核心区的交通运输公平化发展，也要适当倾斜弱势地区的交通运输资源分配，做到重点突出和统筹兼顾。

（四）优化配置区域交通一体化阶段效益

在区域一体化发展的不同阶段，交通要素和区域城市节点发展的相互作用存在着较大差异。

区域一体化的第一阶段是大城市的虹吸效应，即主要是边缘地区的城市通过交通网络支持较大规模的节点城市和核心城市快速发展。由于规模效应的影响，大城市需要巨大的发展要素，包括原材料、劳动力和资金等要素。造成这种虹吸效应因素是多样的，包括大城市和小城市之间的经济差距、文化差距和社会差距，还包括大城市的城市魅力、就业机会、旅游资源和城市形象。同时，如果小城市或者边缘城市具有一定的特色、自然景观、城市文化，并且具有较高的投资潜力，那么就会产生一种阻力虹吸因素，进而影响大城市对小城市的虹吸作用。

第二阶段是大城市的辐射效应阶段。此阶段大城市整体发展水平较高，形成典型的区域增长极，区域内部市场和原料地急需扩张，因此产生了辐射效应。当前我国形成了 18 个主要的城市群区域，城市群整体的辐射效应逐年增强，带动区域协调发展的作用日益明显。①

第三阶段是带动区域发展的一体化阶段。在城市向外辐射的过程中，根据梯度推移理论，生产力会产生空间推移，高梯度地区的资金、技术均会随着区域发展而逐步向低地区推移，区域发展越快，梯度推移速度也会随之加快，从而逐步缩小区域间差异，实现经济在不同区域之间的相对均衡化分布，进而带动区域一体化发展。

因此，要根据城市区域发展的不同阶段，构建基于不同阶段的利益分配体系。在区域一体化的前期，大城市的虹吸作用占据主导作用，

---

① 赵伟，余峥. 中国城市群集聚辐射效应测度[J]. 城市问题，2017（10）：15-26.

在促进大城市快速发展的前提下，适当保障边缘地区的均衡发展。在大城市的辐射阶段，既要保障大城市的产业转移、技术转移、资金转移和劳动力转移政策机制的支持，也要引导边缘城市对于产业用地政策的优化，承接外来投资的制度保障，劳动力转移的生活保障等。在交通带动区域一体化整体发展的阶段，应当促进交通公平和社会公平，保障不同空间区域、不同社会群体均等享受区域发展带来的成果。

执笔人：方创琳　史雅娟

专题报告三

以都市圈为载体推动区域一体化发展

我国城镇化动力已出现结构性变化，城乡人口迁移不再是城镇化第一动力，城城之间人口流动规模加大，城市之间日常人口流动重要性凸显，我国已进入以核心大城市边界扩张为主要形态的都市圈化阶段。本文利用百度地图慧眼大数据量化了城市网络间的人口往来，识别出中国的 20 个都市圈，并从四个新视角评估我国城镇化发展的新特征。本文提出，为有效发挥都市圈化蕴含的结构性增长动力，国土空间规划要充分考虑大数据所反映出的城镇化新特征，各都市圈内应设立跨行政区域协调委员会，在都市圈范围内实现公共服务资源均衡化，以公共交通为导向的 TOD（Transit-Oriented Development，TOD）模式开发都市圈。

一、我国正进入城镇化 2.0 阶段

2012 年我国城镇化率（52.6%）首次达到全球平均水平，此后 7 年间城镇常住人口累计增加 1.37 亿，相当于英国和法国人口的总和；

2019 年城镇化率（60.6%）已明显超过全球 55% 的平均水平。我们根据 Logistic 模型推算，未来 10 年中国城镇化步入中速推进期，城镇化率将保持年均提升 0.8 个百分点的速度，在 2030 年达到 70% 左右。虽然仍处于较快发展阶段，但我国城镇化动力已出现以下三方面的结构性变化，进入“城镇化 2.0 阶段”。

第一，城乡人口迁移不再是城镇化的第一动力。我们根据统计局公布的数据估算，在 2018 年城镇人口增长中，城乡人口迁移的贡献率为 36.8%，这比用五普和六普数据估算出的 2000—2010 年贡献率低了近 20 个百分点。[①] 同时，城镇人口自然增长的贡献率是 23.6%，而城镇化的第一大动力变成了城镇区域的扩张，其贡献率达到 39.6%。这就意味着我国城镇化已从城乡人口转移为主的阶段，进入到以核心大城市扩张为主要形态的都市圈化阶段。

第二，城城之间人口流动的规模加大。近年来，人口向三四线城市集聚的能力有所减弱，呈现出持续向广州、深圳以及二线城市集聚的趋势。虽然城城之间的人口流动并不会反映到城镇化率的变动中，但城城人口流动对我国经济效率的提升作用并不亚于城乡人口迁移。由于城城流动人口多为人力资本较高的群体，人口从低效率城市转向高效率城市，其产生的结构转化效应甚至可能会超过城乡迁移，而这一效应不能在“城镇化率”指标中得到体现。换句话说，假如我国城镇化率达到峰值后不再提高，城城之间人口流动带来的对经济增长的结构转化效应依然会十分强劲。

第三，城市之间的日常人口流动愈发重要。根据笔者基于百度地图慧眼大数据做出的分析，每天中国各城市之间有逾 1000 万人跨城出行，每个中国人平均每年有 3 次城城日间流动的行为。广州市 2020

---

① 卓贤. 质量重于速度：对中国城镇化现状与潜力的分析[J]. 经济学家，2015（8）：52–61.

年政府工作报告指出，广州市的实际管理人口超过了2200万，其中流动人口超过1000万，这其中就包括了商务出差、旅游、就医、探亲等的人口。日常人口流动蕴含着重要的经济社会价值，其行为背后是贸易往来、资金流动、技术交易等资源优化配置过程，而其产生的经济效应也非目前的“城镇化率”指标所能捕捉。

参考发达国家的城镇化发展历程，我国在城镇化2.0阶段的增长空间和发展潜力依然巨大。1920—1950年，美国城镇化率从51.2%提高到59%，增加7.8个百分点，城镇化主要表现为单个城市从小到大的扩张。在此后的1950—1980年美国城镇化速度反而更快，城镇化率从59%提高到73.7%，增加14.7个百分点，都市圈成为城镇化的主要形态。都市圈是吸纳新增城镇人口的重要空间载体，都市圈化将成为我国城镇化2.0阶段的新形态。在中国新型城镇化发展的历史机遇期，本文结合统计数据和手机用户大数据，以城市间人口分布和流动为视角识别出我国的都市圈，构建基于都市圈特点的指标以评估城镇化发展新趋势，并对推动深度城镇化和高质量城镇化提出了针对性政策建议。

二、都市圈是城镇化2.0阶段的重要空间载体

在城镇化2.0阶段，单纯从城乡人口迁移角度分析城镇化，已经不能很好地观察我国城镇格局变化的全貌，需要用“都市圈”这一新的空间视角来评估我国城镇化的新特征。

（一）都市圈是我国新型城镇化中后期的重要空间载体

都市圈是一国城镇化发展到一定阶段的必然产物，都市圈化是大

城市功能有序疏解、产业合理分工的必然趋势。建设现代化都市圈是推进新型城镇化的重要手段，既有利于优化人口和经济的空间结构，又有利于激活有效投资和潜在消费需求，增强内生发展动力。[①]都市圈建设不仅是推进我国高质量城镇化的重要路径，也是我国进入中速增长期后的重要结构性潜能之一，在未来 5 ~ 10 年，每年将为中国经济贡献最少 0.5 到 1 个百分点的增长。[②]

当一国城镇化率超过 60%，人口集聚的规律往往会导致“大城市病”和“中小城市衰败”这两种现象并存。都市圈化是解决大城市病、激活中小城市活力的有效发展路径。从国际经验看，发达经济体处于中国目前的相似阶段时，也经历了人口从城市核心区向郊区流动的发展历程，带动了都市圈的逐步形成。[③]在国家政策、城市政府规划以及市场力量的共同作用下，都市圈化推动一国区域格局向“大分散、小集中”的模式演进。城市功能分散化、产业分工协作一体化、交通往来便利化、公共服务均衡化的都市圈化，有助于区域间的合理分工和要素的有效组合，形成核心大城市与周边中小城市共生发展、有机联动的空间形态。

（二）对我国都市圈范围的识别

为进一步研究都市圈化，需要对我国都市圈的范围进行识别。梳理国内外的研究文献发现，相关学者对都市圈概念的界定不一而足。国家发展改革委在 2019 年发布的《关于培育发展现代化都市圈的指导意见》中，对都市圈给出了一个较为明确的概念性界定：“都市圈

---

① 国家发展改革委. 关于培育发展现代化都市圈的指导意见[EB/OL]. 中华人民共和国中央人民政府，2019-02-21.http://www.gov.cn/xinwen/2019-02/21/content_5367465.htm.

② 刘世锦. 都市圈将带动经济增长0.5%到1%[J]. 产城，2020（5）：83.

③ 刘世锦. 建设都市圈：稳增长和高质量发展的新引擎[N]. 北京日报，2020-04-27（010）.

是城市群内部以超大特大城市或辐射带动功能强的大城市为中心、以1小时通勤圈为基本范围的城镇化空间形态”[①]。综合已有研究文献和相关政策文件，我们认为都市圈存在两大构成要素——核心城市和城市网络。核心城市是都市圈存在的先决条件。都市圈必须有一个经济功能强大的核心城市作为发展引擎，核心城市具备辐射带动周边中小城市一体化发展的能力。而在空间形态上，都市圈是一个核心城市与周边中小城市形成的城市网络，劳动力、资金、技术乃至公共服务等在城市间流动、配置和重组，表现为高效的交通通勤网络、资金配置网络、生产分工网络和公共服务网络。基于此，本节采取以下两个步骤来识别我国的都市圈范围。

第一，确定都市圈的核心城市。国内外学者对核心城市的选择依据较为集中，大多根据人口规模（孙胤社，1992；胡序威等，2000；张伟，2003）、经济发达程度（高汝熹等，1998；陈秀山等，2005）等指标来确定。在已有研究的基础上，综合考虑我国城市的发展状况，本文选取我国4个直辖市27个省会城市5个计划单列市及苏州市为都市圈的潜在核心城市。第二，确定都市圈的外围城市网络范围。国内外学者对都市圈外围城市网络范围的判定标准较多，主要有通勤情况（韩刚等，2014；王德等，2018）、时空距离（冯章献等，2006；王国霞等，2008）、联系强度（程大林等，2003）等。在研究早期，由于无法获取日常人口流动数据，通勤情况通常较难估量，因而多采用经济距离、引力模型和场强模型来确定都市圈范围（杨开忠等，2000；陈大鹏等，2012；郭爱君等，2009）。近年来，随着大数据技术的快速发展，人口流动数据的获取成本大

① 国家发展改革委. 关于培育发展现代化都市圈的指导意见[EB/OL]. 中华人民共和国中央人民政府，2019-02-21.http://www.gov.cn/xinwen/2019-02/21/content_5367465.htm.

幅降低，尤其是手机信令数据（丁亮等，2015；王德等，2018；赵鹏军等，2019）、互联网定位大数据①等在都市圈范围确定方面的应用逐渐凸显。因此，为判断外围城市是否融入都市圈的城市网络，本文利用2017年百度地图慧眼大数据②，设定了如下量化标准：都市圈的外围城市与核心城市日平均双向流动人口规模在3万人以上，或外围城市与核心城市日平均双向流动人口占外围城市常住人口比重的0.5%以上。

依据以上划分方法，本文首先初步识别出中国的28个“单核都市圈”。由于大连、青岛、济南、南昌、海口、拉萨、西宁、银川和乌鲁木齐9个城市对周边城市的带动作用不足，找不到实现第二个步骤的外围城市，所以未能识别出完整的都市圈。在28个单核都市圈中，有13个都市圈在空间范围上邻近或重叠，为避免重复计算，本文进行了恰当的合并处理，最终识别出中国的20个“大都市圈”。本文将20个大都市圈进一步分为三类：一是3个跨省连片都市圈，包括京津冀都市圈、上海都市圈和成渝都市圈，它们总共包含9个独立的单核都市圈；二是两个省内双核都市圈，包括广深都市圈和福厦都市圈，它们总共包含4个独立的单核都市圈；三是15个省内单核都市圈，包括武汉都市圈、郑州都市圈、西安都市圈、长沙都市圈、沈阳都市圈、太原都市圈等（见表1）。

---

① 清华大学中国新型城镇化研究院，北京清华同衡规划设计研究院有限公司. 2018年中国都市圈发展报告[R]. 北京：清华大学中国新型城镇化研究院，2019；华夏幸福产业研究院，联通智慧足迹数据科技有限公司. 中国都市圈“新移民”吸引力报告[R]. 北京：华夏幸福产业研究院，2020.

② 笔者所在的研究团队与百度地图慧眼开展合作，挖掘手机用户数据背后所反映出的常住人口、工作人口、职住通勤、人口迁移等特征。截至2019年2月，百度地图月活硬件设备数达到11亿，日均位置服务请求次数超过1000亿次。在合作研究过程，百度地图慧眼对数据加密并进行脱敏，以保护用户隐私。

表1　　中国20个大都市圈及其组成城市

序号	都市圈名称	城市名称
1	京津冀都市圈	北京、天津、石家庄、承德、保定、廊坊、张家口
2	上海都市圈	上海、杭州、嘉兴、绍兴、湖州、苏州、无锡、南京、镇江
3	成渝都市圈	重庆、成都、广安、资阳、德阳、绵阳、眉山、雅安、内江、遂宁、乐山、阿坝州
4	广深都市圈	广州、深圳、佛山、东莞、清远、惠州、肇庆、韶关、中山、珠海
5	福厦都市圈	福州、厦门、泉州、漳州、宁德
6	武汉都市圈	武汉、孝感、黄冈、咸宁、鄂州、黄石、仙桃、潜江、天门
7	郑州都市圈	郑州、洛阳、周口、开封、新乡、焦作、许昌
8	西安都市圈	西安、渭南、咸阳、宝鸡、商洛、延安、铜川
9	长沙都市圈	长沙、岳阳、株洲、湘潭、益阳
10	沈阳都市圈	沈阳、抚顺、辽阳、本溪、铁岭
11	太原都市圈	太原、晋中、吕梁、忻州
12	贵阳都市圈	贵阳、毕节、安顺、黔南州
13	昆明都市圈	昆明、玉溪、曲靖、楚雄州
14	呼和浩特都市圈	呼和浩特、乌兰察布、鄂尔多斯、包头
15	兰州都市圈	兰州、白银、定西、临夏州
16	南宁都市圈	南宁、崇左、防城港
17	哈尔滨都市圈	哈尔滨、绥化、大庆
18	长春都市圈	长春、四平、松原
19	合肥都市圈	合肥、六安、巢湖
20	宁波都市圈	宁波、舟山

资料来源：笔者绘制。

三、大数据视角下的城镇化新特征

在城镇化 2.0 阶段，城镇化动力机制发生转变，“都市圈化”成为推动我国深度城镇化的现实路径，“城镇化率”这一指标已经不能很好地反映我国城镇化的新趋势和结构特征。基于对手机用户大数据的分析，下文通过四个视角评估我国城镇化发展的新特征。

（一）人口向都市圈集聚的速度慢于经济集聚

全国人口向都市圈集聚的速度有所加快。2018 年，全国 20 个大都市圈常住人口总规模为 6.03 亿人，比 2015 年增长 2.36%，占全国人口比重为 43.2%。近 3 年都市圈人口年均增长 464 万人，比 2010—2015 年每年多增长 55 万人，人口流向都市圈的速度略有加快。从各都市圈人口占其所在省份总人口的比重来看，西安、福厦、成渝、京津冀、广深、武汉和长春都市圈集聚了所在省份一半以上人口，尤其是西安和福厦都市圈的人口集中度超过七成（见图 1）。

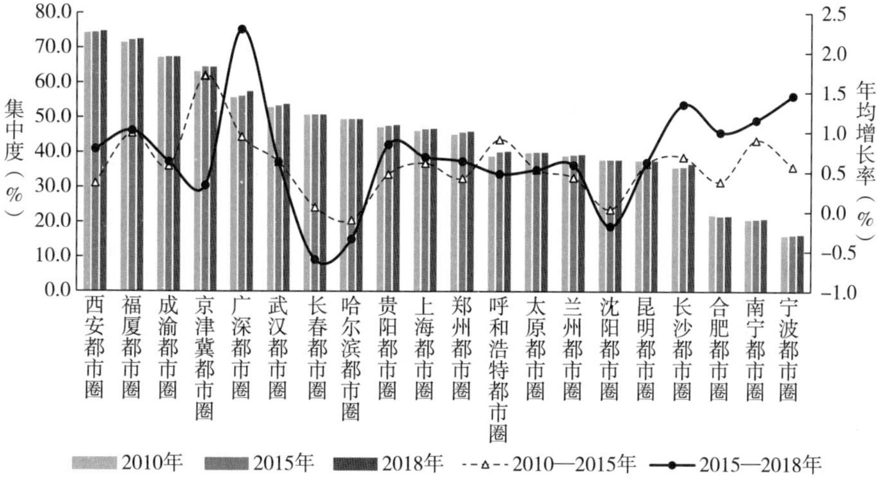

图1　都市圈常住人口集中度与年均增长率

资料来源：《中国城市统计年鉴》，笔者计算并绘制。

近年来广深都市圈的人口集聚力最强。2015—2018 年，广深都市圈的常住人口增长了 429 万，对全国都市圈新增人口的贡献率超过了三成（30.9%）；上海都市圈和成渝都市圈分别新增 155 万和 145 万常住人口，贡献率分别为 11.1% 和 10.4%；长沙都市圈、福厦都市圈和郑州都市圈也成为近年来重要的人口集聚地。京津冀都市圈新增人口贡献率在 2010—2015 年达到了 28.7%，位列各都市圈之首，但

2015—2018年的人口年均增长率比2010—2015年低了1.38个百分点，对全国都市圈人口的贡献率下降到5.2%，排名也降为第七位。相比其他都市圈，东北地区三个都市圈的人口出现绝对下降，沈阳都市圈、哈尔滨都市圈和长春都市圈同期流失的人口，分别达到了8.8万、19.2万和25.0万（见表2）。

表2　2015—2018年都市圈的相关指标

都市圈名称	都市圈常住人口增量（万）	对全国都市圈常住人口贡献率（%）	都市圈城镇人口增量（万）	核心城市城镇人口贡献率（%）	外围城市城镇人口贡献率（%）	2018年省内人口集中度（%）	2018年省内经济集中度（%）
广深都市圈	429.4	30.9	462.5	63.6	36.4	57.5	83.3
上海都市圈	154.8	11.1	239.5	60.7	39.3	46.7	59.0
成渝都市圈	144.6	10.4	419.9	80.9	19.1	67.4	80.3
长沙都市圈	99.3	7.1	185.1	49.9	50.1	36.6	57.5
福厦都市圈	86.0	6.2	139.1	43.0	57.0	72.6	75.5
郑州都市圈	82.9	6.0	254.4	30.2	69.8	45.9	56.6
京津冀都市圈	72.7	5.2	243.4	29.4	70.6	64.5	76.3
西安都市圈	67.6	4.9	161.6	64.8	35.2	74.8	71.5
武汉都市圈	59.5	4.3	127.3	37.2	62.8	53.9	63.3
贵阳都市圈	43.0	3.1	99.8	29.8	70.2	47.8	53.2
合肥都市圈	40.3	2.9	115.5	50.1	49.9	21.7	31.6
宁波都市圈	39.8	2.9	44.4	93.7	6.3	16.3	21.5
南宁都市圈	34.8	2.5	51.2	74.8	25.2	20.9	28.2
昆明都市圈	33.4	2.4	77.4	40.5	59.5	37.6	54.5
太原都市圈	23.3	1.7	61.0	17.7	82.4	40.0	46.0
兰州都市圈	18.1	1.3	40.6	12.8	87.2	39.3	46.8
呼和浩特都市圈	14.5	1.0	30.6	38.7	61.3	40.2	60.1
沈阳都市圈	–8.8	–0.6	7.0	55.6	44.4	37.8	38.1
哈尔滨都市圈	–19.2	–1.4	12.5	64.1	35.9	49.5	63.9
长春都市圈	–25.0	–1.8	15.2	62.8	37.2	50.8	63.6

注：表中以都市圈常住人口增量由多到少排名。

资料来源：《中国城市统计年鉴》，笔者计算并整理。

都市圈人口集聚速度慢于经济集聚速度。2018 年，我国各都市圈经济总量占全国 GDP 的 57%，各都市圈人口占全国人口比重为 43.2%，人口集聚度比经济集聚度低了 13.8 个百分点。2010 年和 2015 年，人口和经济集聚度之差分别为 13.1 个百分点和 13.6 个百分点，两者差距逐步扩大。如表 2 所示，分区域来看，广深都市圈和长沙都市圈的省内人口集中度与经济集中度的差距最大，2018 年分别达到了 25.8 个百分点和 20.9 个百分点；较为均衡的是福厦都市圈和沈阳都市圈，人口集中度仅比经济集中度分别低 2.9 个百分点和 0.3 个百分点；西安都市圈是唯一一个人口集中度（74.8%）高于经济集中度（71.5%）的都市圈，这得益于近几年西安实施的人才吸引政策。

在一定程度上，都市圈的经济集中度高于人口集中度的现象表明，都市圈内部城市相较于外部相邻城市具有更高的发展效率，本应吸引更多人口向都市圈集聚从而分享发展红利，但由于存在着户籍、社保、交通等条件的限制，人口向都市圈集聚的潜能受到了抑制。

（二）都市圈内部的城镇化率提升速度有所放缓

2018 年，全国 20 个大都市圈的城镇人口为 4.06 亿人，占都市圈总人口的比重为 67.3%，较 2015 年提高 3.1 个百分点，年均提高约 1.0 个百分点，比 2010—2015 年年均少增加 0.08 个百分点，比同期全国城镇化率年均少增加 0.12 个百分点，都市圈内部的城镇化速度有所下降（见图 2）。2015—2018 年，各都市圈的城镇人口增加 2788 万人，同期全国城镇人口增加 6021 万人，这意味着有 46.3% 的新增城镇人口进入都市圈中。2015—2018 年，城镇人口增量排名前五的都市圈为广深、成渝、郑州、京津冀和上海都市圈，其中广深都市圈由 2010—2015 年的第五位升至第一位，京津冀和上海都市圈的排名则有所下降。

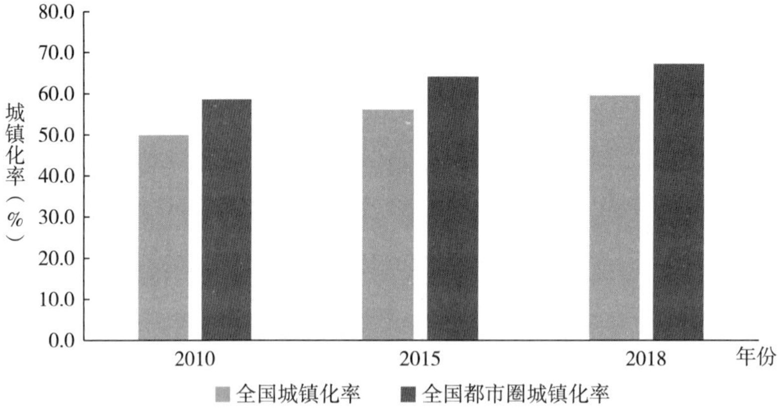

图2　全国城镇化率及都市圈城镇化率

资料来源：《中国城市统计年鉴》，笔者计算并绘制。

广深、上海、沈阳、宁波、京津冀、呼和浩特和福厦都市圈的城镇化率高于全国都市圈的平均水平。尤其是广深都市圈，2018 年的城镇化率高达 83.9%，上海、沈阳、宁波、京津冀和呼和浩特都市圈在 2018 年的城镇化率也已超过 70%。而其他都市圈的城镇化水平较低，尤其是西安、哈尔滨、南宁和长春等 8 个都市圈的城镇化率仍低于 60%。动态来看，2015—2018 年，除合肥、长春、长沙、广深、昆明和宁波 6 个都市圈的城镇化率年均提高速度快于 2010—2015 年外，其他 14 个都市圈城镇化进程均有所放缓。

各都市圈城镇化的内生动力有较大差异。2015—2018 年，广深、成渝、上海、西安、南宁、宁波、长春和哈尔滨都市圈仍处于核心城市占主导的快速城镇化阶段，核心城市的城镇人口增量占比超过 60%。相反，有 7 个都市圈超过 60% 的城镇人口增长源泉来自外围城市，尤其是兰州、太原、京津冀和贵阳都市圈，其外围城市的城镇人口增量占比高达 70% 以上，外围城市的城镇化速度快于核心城市。变化最为明显的是京津冀都市圈，其核心城市新增城镇人口比重由 2010—

2015 年的 72.4% 下降到 2015—2018 年的 29.4%，都市圈城镇化的主要动力转向城市网络中的外围城市。

（三）我国的都市圈化率仍然较低

本文以“全国都市圈城镇常住人口 / 全国总人口”衡量全国的都市圈化率，以“各都市圈城镇常住人口 / 各都市圈所在省份总人口”来衡量各都市圈的都市圈化率。[①]2018 年，全国的都市圈化率为 29.1%，较 2015 年（27.5%）提高 1.6 个百分点，年均提高 0.5 个百分点。相比于城镇化率，我国都市圈化率仍然较低，只有不到 30% 的人口居住在都市圈的城镇区域，人口向都市圈的城镇区域进一步集聚的空间仍然很大。

2018 年，福厦、广深、京津冀、西安、成渝等 7 个都市圈的都市圈化率超过全国平均水平，其中福厦、广深和京津冀的都市圈化率均超过了 45%。尤其是福厦都市圈，2018 年的都市圈化率达到 49.7%。此外，西安和成渝都市圈化率也达到了 44.7% 和 40.8%（见图 3）。而哈尔滨、呼和浩特、沈阳、长春和贵阳等 13 个都市圈的都市圈化率低于全国平均水平。其中，合肥、南宁和宁波的都市圈化率尚未达到 15%，这主要是因为这 3 个都市圈的核心城市对外辐射能力不足，所包含的外围城市只有 2 个、2 个和 1 个。2015—2018 年，广深、长沙和合肥等 6 个都市圈化率年均提高的百分点高于 2010—2015 年，其他 14 个都市圈化进程均有所放缓。

① 都市圈化率又等于都市圈常住人口比重 × 都市圈的城镇化率。

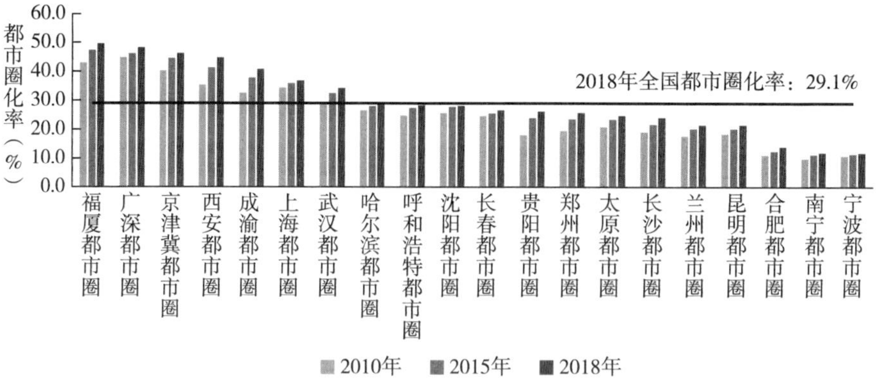

图3 各大都市圈所在省份的都市圈化率

注：按2018年省内都市圈化率由大到小排名。

资料来源：《中国城市统计年鉴》，笔者计算并绘制。

（四）各都市圈的人员往来活跃度存在较大差异

本文借助手机用户大数据，统计了全国各个地级市之间的日常人口流动。从都市圈内部的日常人口流动规模看，广深都市圈位居首位，上海都市圈排在第二位。从都市圈与外界往来的日常人口流动规模看，广深、上海和京津冀都市圈分列前三名。

我们以“都市圈内外之间日常流动人口占全国日常流动人口比重/都市圈常住人口占全国比重”衡量各都市圈“对外互动活跃度”，该指标大于1则表明都市圈的对外活跃度超过了全国平均水平。计算结果发现，所有都市圈的对外互动活跃度都超过了全国平均水平。其中，广深都市圈的对外活跃度最高，达到3.2；合肥、上海、南宁、呼和浩特、太原和京津冀6个都市圈与外界的互动也较为活跃，对外活跃度指标都大于2；京津冀、长沙、西安、郑州、沈阳、贵阳、昆明、兰州和武汉9个都市圈的对外活跃度处于1.5 ~ 2的水平；长春、福厦、哈尔滨和成渝4个都市圈的对外活跃度在1.2 ~ 1.5（见图4）。

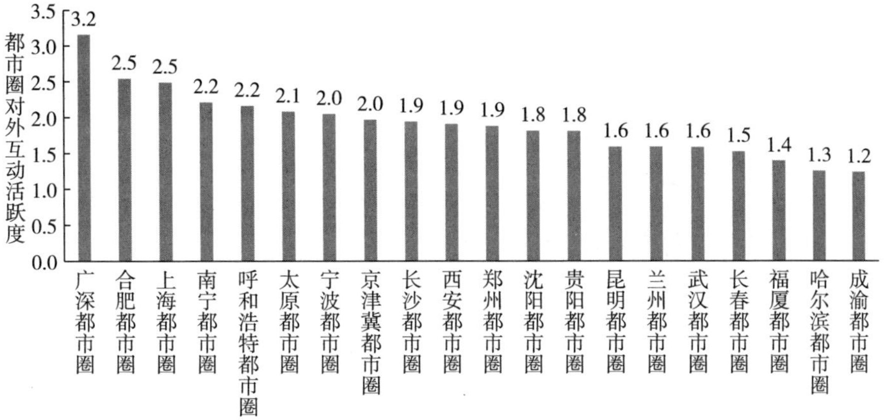

图4　2017年都市圈对外互动活跃度

注：按2017年都市圈对外互动活跃度由高到低排名，数据标签的显示受小数点保留位数的影响。

资料来源：《中国城市统计年鉴》，笔者计算并绘制。

可以发现，广深都市圈不仅内部的日常人口流动规模最高，与都市圈外的人员往来活跃度也远超其他都市圈，是中国人员互动最活跃的区域。虽然南宁都市圈的内部人员互动规模并不高，但由于与广深都市圈的联系较为密切，对外活跃度也较高。与之相反，成渝、福厦和武汉都市圈的人员内部互动规模较高，但对外活跃度却相对较低。

四、结论与建议

伴随着常住人口城镇化率突破60%，我国进入到城市文明占较大主导地位的城镇化2.0阶段，都市圈成为吸纳新增城镇人口的重要载体，都市圈化成为城镇化主导的空间演变形态。本文分析了我国城镇化动力的三个结构性变化，利用百度地图慧眼大数据识别出20个大都市圈，并从四个新视角评估都市圈化的新特征。为适应我国新型城镇化的新特征，有效发挥都市圈化蕴含的结构性增长动力，本文提出如下几点思路性建议。

第一，国土空间规划要充分考虑大数据所反映出的城镇化新特征。正在进行的以“多规合一”为特征的国土空间规划编制，不能只以单一城市的城镇化率指标作为城市空间布局的考量因素，而要充分考虑都市圈的空间连绵、人口高度集聚、要素互动密切以及跨越行政区域等特征，以都市圈为重要的规划单元，来统筹人口、产业、交通、市政基础设施等方面对国土资源的要求。

第二，在各都市圈内设立跨行政区域协调委员会。成立跨行政区域协调委员会的目的是解决都市圈内部政府治理的碎片化问题。通过制定大都市圈经济发展规划、产业专项规划和交通网络规划，可以在核心城市与外围城市之间建立高效有序的产业分工协作体系，从而发挥都市圈内部的跨区域联动效应，并在大都市圈范围内提高土地使用、基础设施和公共服务的效率。

第三，在都市圈内部实现公共服务资源均衡化。应加强优质公共服务资源向大都市圈外围城市转移的力度，缩小核心城市与周边城市在医疗、教育、养老等服务领域的规模和质量差距，避免都市圈内的公共服务资源过度向核心城市集中。都市圈内部要逐步建立各城市间公共服务的衔接和共享机制，提高公共服务与都市圈人口配套的精准性，在城市网络中实现公共服务的普惠性和公平性。

第四，以公共交通为导向的（TOD）模式开发都市圈。可在都市圈核心城市周边100公里～200公里以内的范围建设快速轨道交通，并以沿途各个铁路站点为中心进行土地综合开发，建设住宅区、写字楼、百货店、购物中心、娱乐场所、酒店等设施。以TOD模式推进都市圈建设，是实现城乡交通基础设施和公共服务一体化的重要途径，是城市功能布局均衡化的政策杠杆，也是实现城市基础设施投融资可持续发展的重要选择。

执笔人：张　颖　卓　贤

参考文献

[1] 孙胤社. 大都市区的形成机制及其定界——以北京为例. 地理学报，1992

[2] 胡序威，周一星，顾朝林. 中国沿海城镇密集地区城市空间集聚与扩散研究. 北京：科学出版社，2000

[3] 张伟. 都市圈的概念、特征及其规划探讨. 城市规划，2003

[4] 高汝熹，罗明义. 城市圈域经济论. 昆明：云南大学出版社，1998

[5] 陈秀山，孙久文. 中国区域经济问题研究. 北京：商务印书馆，2005

[6] Gottman J. Megalopolis：The Urbanization of the Northeastern Seaboard of the United States. Cambridge： The M.I.T. Press，1961

[7] 韩刚，袁家冬. 论长春都市圈的地域范围与空间结构. 地理科学，2014

[8] 王德，顾家焕，晏龙旭. 上海都市区边界划分——基于手机信令数据的探索. 地理学报，2018

[9] Merriman D，Ohkawara T，Suxuki T. Excess Commuting in the Tokyo Metropolitan Area：Measurement and Policy Simulations.Urban Studies，1995

[10] Horner M W.A Multi-scale Analysis of Urban Form and Commuting Change in a Small Metropolitan Area (1990-2000).The Annals of Regional Science，2007

[11] 冯章献，王士君. 沈阳都市圈空间范围的界定. 现代城市研究，2006

[12] 王国霞，蔡建明. 都市区空间范围的划分方法. 经济地理，2008

[13] 程大林，李侃桢，张京祥. 都市圈内部联系与圈层地域界定——南京都市圈的实证研究. 城市规划，2003

[14] 杨开忠，李国平. 持续首都：北京新世纪发展战略. 广州：广东教育出版社，2000

[15] 陈大鹏，孙飞. 西安都市圈空间界定的定量研究. 城市发展研究，2012

[16] 郭爱君，冯琦媛. 兰州都市圈空间界定方法研究. 甘肃社会科学，2009

[17] 丁亮，钮心毅，宋小冬. 利用手机数据识别上海中心城的通勤区. 城市规划，2015

[18] 赵鹏军，胡昊宇，海晓东，黄杉，吕迪. 基于手机信令数据的城市群地区都市圈空间范围多维识别——以京津冀为例. 城市发展研究，2019

专题报告四

分类推动都市圈发展，促进区域经济一体化

都市圈是城镇化发展的重要空间形态，是城市群的核心组成部分，是区域一体化的先行者及其深化拓展的依托。在中国城镇人口总体上仍然趋于空间集聚的前提下，推动区域一体化发展有必要对中国都市圈的识别和发展特征给予讨论，并以此为基础提出推进都市圈发展的政策建议。

一、中国城镇人口空间分布的基本趋势

根据目前的城市规模划分标准①，以城区常住人口为统计口径，将城市划分为五类七档：超大城市（1000万以上）、特大城市（500万～1000万）、大城市（100万～500万）、中等城市（50万～100万）和小城市（50万以下），其中大城市和小城市又各自细分为两档。城区常住人口缺乏准确统计，目前有《中国城市统计年鉴》和《中国城市建设统计年鉴》公布城市人口的年度统计数据，但前者针对的是

---

① 《国务院关于调整城市规模划分标准的通知》国发〔2014〕51号。

全市和市辖区的户籍人口，既不能对应于常住人口，也难以对应到城区，《中国城市建设统计年鉴》发布的“城区人口”及“城区暂住人口”是依据公安部门的户籍统计数据所得，未能将流动人口计入其中，难以准确反映实际的常住人口规模，导致对大城市的规模有所低估，而对小城市的规模有所高估。联合国经济和社会事务部统计并发布一定人口规模以上城市的城区人口数据[①]，并没有公布完整的统计方法，但综合各种资料[②]，可以整理出其统计方式为根据空间影像数据识别出城区的空间范围，其上的人口数在人口普查年份采用普查数据，在非普查年份则根据世界人口地图项目（World POP）以及中国国内的城市数据给予插值推算。

人口普查提供了城市人口规模较为准确的数据，但人口普查每10年一次，中间5年有一次1%的人口抽样调查，其他年份的数据需要更多的估算。本文尝试以2015年的“城区人口+城区暂住人口”作为城区户籍常住人口，再根据抽样调查推算得到的迁入、迁出率进行修正，从而将流动人口的规模估计进来，得到接近于现实的城区常住人口。然而，通过地级单元抽样调查数据得到的净迁移率不能反映同一个地级单元中的县级市到市辖区的人口流动，且受到抽样比例影响，导致对大中城市城区人口规模存在低估。例如2015年天津“城区人口+城区暂住人口”为676.8万人，经过净迁移率修正后的天津城区常住人口为819万人。根据《天津统计年鉴》，2015年天津全市的常住外来人口为500.4万人，由于流动人口主要向城区集中，所以假设加入300万~400万的城区流动人口，那么城区人口总计应接近或超

① 2014年迄今对城区人口规模在30万以上的统计。

② World Bank（2015），East Asia's Changing Urban Landscape Measuring a Decade of Spatial Growth.

过1000万，这个数据要比根据净迁入率修正后的数据大。将修正后的数据再进一步与联合国发布的30万人口以上城市数据进行比对，发现联合国数据普遍偏大。由于联合国发布的城区人口数据是多年的连续数据，包括了流动人口数据，最接近于已有的普查人口数据及非普查年份各地方的常住人口数据，鉴于本文的主要研究对象是都市圈，以大中城市为研究主体，选用联合国数据更为合理，因此本文在对城市规模分类以及识别都市圈时，采用该数据进行分析。

根据2017年数据以五类七档的标准对全国城市进行划分，总计661个城市中，有超大城市6个、特大城市12个、大城市100个、中等城市156个、小城市383个。大城市的分布呈现出沿海和沿重要交通轴线分布的特点，除了北上广深所代表的一线城市城区人口规模达到超大城市标准外，许多省会城市和副省级城市已逐渐发展成为新的特大城市。

2010—2017年，大中城市尤其是中等城市凸显快速增长趋势（见图1）。100万人以上大城市的人口规模从2.96亿人增加至3.72亿人，年均增长3.33%。30万～50万人小城市的人口规模从0.46亿人增加至0.58亿人，年均增长3.42%。而中等城市的人口规模则从0.84亿人增加至1.09亿人，年均增长3.74%，相对增长最快。从增速来看，中等城市的全面增长反映了我国走向区域协调发展的向好态势，但中小城市的增量仍然有限，大城市的集聚现象依然突出，且30万人以下的城市在这里并未被观测到，仍可能存在局部地区的城市收缩现象。

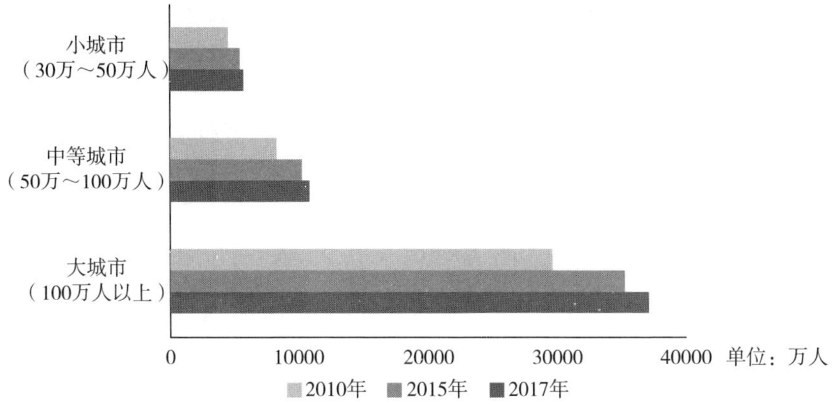

图1　2010年、2015年和2017年大中小城市的人口规模

数据来源：联合国人口署。

省会城市的人口集聚现象越来越突出。省会城市人口占全国总人口比例不断上升，但各个省会城市在省内的人口集聚程度不同。在我国现有的行政体系背景下，具有较高行政等级的直辖市及省会城市相较于其他城市往往更容易吸引各类要素流入并形成集聚。2017 年，全国 27 个省会城市人口总量达 1.94 亿，占全国地级市总人口的比重为 15.12%。2010 年该比重为 14.45%，2000 年为 13.07%，这一比重的逐年上升表明省会城市的人口集聚现象越来越突出。2017 年各个省会城市占所在省人口比重的平均值为 17.36%。但各地地域特色明显，省内空间格局差异较大。比如西宁的人口在青海省占比高达 39.36%，银川人口在宁夏占比为 32.64%，形成“一家独大”的局面。而占比较低的省会城市中，乌鲁木齐仅为 9.11%，由于特殊的行政设置和发展模式，新疆维吾尔自治区并未出现人口向省会城市集聚的特征。排名末位的济南在全省人口中所占比重仅为 7.32%，一方面是由于山东作为人口大省其本身的基数比较大，另一方面则是由于济南和青岛的双核体系所致。

二、中国重要都市圈的界定与识别

都市圈的概念有一个演进过程，有很多学者使用了不同的术语来描述具有重要作用的城市，包括多中心大都市区（Megaloplis）、全球城市地区（Global-City Region）、超级城市地区（Mega-City Region）、大都市地区（Metropolitan Region）和城市大区域（Megaregions）等，各自反映了这些城市地区的特征。[①]现在，都市圈基本明确为城市群内部以超大特大城市或辐射带动功能强的大城市为中心、以1小时通勤圈为基本范围的城镇化空间形态。作为城市群内部的核心，以都市圈为代表的空间组织形态正逐渐成为一大关注热点。推动都市圈发展不仅有助于大城市的发展，同时对我国小城市的发展具有重要的促进作用，有助于逐渐形成“城市群—都市圈—中心城市—大中小城市协调发展—特色小镇”统筹发展的城镇化空间格局。

按照都市圈的定义，都市圈的界定和识别需要确定中心城市和辐射范围。首先是确定都市圈的中心城市，根据都市圈的基本内涵，要求以超大特大城市或辐射带动功能强的大城市为中心，本文选取城区人口300万以上的大城市作为都市圈中心城市。一来城区人口300万以上的大城市、特大城市和超大城市基本已具备都市圈中心城市的规模实力，二来是因为300万通常是城市基础设施布局及行政政策常用的标准，可以由此衔接作为发展战略中需要引导培育的都市圈。2017年，城区人口300万以上的城市共有38个，其中包括了22个省会城市和5个计划单列市，除汕头、温州以外的其他36个城市均处在“十三五”规划确定的19个城市群范围内。

---

① J. Harrison and M. Hoyler（2010），Megaregions：Foundations，Frailties，Futures，GaWC Research Bulletin 434.

关于都市圈范围的界定，20 世纪 50 年代日本行政管理厅将“都市圈”定义为：以一日为周期，可以接受中心城市某一方面功能服务的地域范围，中心城市人口规模必须在 10 万以上。20 世纪 60 年代又提出了“大都市圈”概念，定义为：中心城市为制定市，或人口规模在 100 万人以上的城市，外围地区到中心城市的通勤人口不低于本身人口的 15%，大都市圈内的货物运输量不超过总运输量的 25%。而在美国则更多地使用都市区的概念，1949 年提出了“标准大都市区（SMA）”的定义，通勤率是一项最核心的界定指标，用以反映大都市区内工作和生活场所之间的联系以及地区间经济上的交往。但对于我国而言，通勤数据缺乏统计，故已有研究多尝试用其他方法对都市圈范围进行间接的界定，目前主要有定性和定量两类方法。定性方法来源于周一星提出的指标体系：（1）中心市，指城市实体地域内非农业人口在 20 万人以上的地级市；（2）外围县，指非农产业产值占 GDP 的 75% 以上，且从事非农业经济活动劳动力占全社会劳动力总量的 60% 以上。定量方法的使用相对丰富，主要包括计算断裂点、经济联系强度、隶属度、引力范围等方法，但不同方法得到的结果各有差异，较难统一。

为表征城市之间的紧密联系，本文在确定中心城市的基础上，以城际铁路的最短旅行时间小于 1 小时（普通铁路或高速公路的修正系数为 0.7）进行初步筛选得到结果。[①] 值得注意的是，从都市圈角度看，城市的概念不能局限于行政地域，而更应偏重于实体地域和功能地域，因此这里的地级市主要指其市辖区或城区范围（见表 1）。

① 铁路时间来自12306官网，高速公路时间来自百度地图驾车时间。

表1　　全国主要都市圈及其空间范围

序号	中心城市	周边县市
1	上海	昆山、太仓、苏州、常熟、平湖、嘉兴、嘉善、桐乡、海宁、海盐、无锡、杭州、启东、海门
2	北京	天津、三河、大厂、香河、张家口、承德、廊坊、保定、沧州、滦平、怀来、涿州、固安、永清
3	重庆	涪陵区、长寿区、合川区、永川区、大足区、璧山区、潼南区（铜梁）
4	天津	北京、三河、大厂、香河、廊坊、唐山、沧州、黄骅、青县
5	广州	佛山、清远、东莞、肇庆、四会、江门、中山、博罗（龙门、佛冈、新丰）
6	深圳	东莞、惠州
7	成都	新津、金堂、崇州、蒲江、邛崃、都江堰、彭州、简阳、资阳、什邡、德阳、中江、绵阳、眉山、乐山、广汉
8	武汉	黄石、鄂州、黄冈、麻城、孝感、咸宁、仙桃、天门、潜江、嘉鱼、团风、红安、云梦、应城、孝昌、汉川（洪湖、大冶）
9	南京	句容、仪征、马鞍山、当涂、滁州、镇江、芜湖、常州、扬州、合肥、来安、全椒、和县
10	东莞	广州、深圳、惠州、博罗
11	西安	蓝田、周至、户县、咸阳、渭南、铜川、三原、泾阳、兴平、礼泉、富平、乾县、淳化、永寿、眉县、武功、柞水
12	佛山	广州、肇庆、江门、中山、云浮、四会、鹤山
13	杭州	建德、湖州、绍兴、桐乡、嘉兴、诸暨、义乌、金华、宁波、舟山、余姚、桐庐、安吉、德清、海盐、浦江、嵊州、东阳
14	沈阳	鞍山、抚顺、抚顺县、本溪、阜新、辽阳、铁岭、开原、新民、盘锦、法库、调兵山、灯塔、辽阳县、台安、盘山、彰武、黑山、本溪满族自治县
15	苏州	常熟、太仓、昆山、无锡、江阴、镇江、常州、嘉兴、上海、嘉善、桐乡、长兴
16	哈尔滨	肇东、大庆、绥化、兰西、巴彦、宾县、安达、肇州
17	青岛	胶州、即墨、莱西、潍坊、高密、日照、莱阳、海阳、诸城、平度、五莲（昌邑、安丘）
18	大连	瓦房店、庄河、营口、盖州、大石桥
19	济南	平阴、商河、淄博、泰安、聊城、德州、邹平、莱芜、肥城、东阿、齐河、禹城、临邑、平原、高唐、夏津、惠民、高青
20	郑州	巩义、荥阳、新密、登封、开封、禹州、长葛、许昌、新乡、焦作、偃师、洛阳、漯河、中牟、原阳、武陟、新乡县、获嘉、修武、博爱、沁阳、孟州、尉氏、通许、延津、封丘、温县

续表

序号	中心城市	周边县市
21	长沙	长沙县、宁乡、浏阳、湘阴、韶山、株洲、湘潭、益阳、汨罗、岳阳县、平江、桃江、沅江、湘乡、湘潭县
22	长春	公主岭、四平、吉林、农安、德惠、伊通满族自治县、梨树、辽源、东辽、磐石（永吉）
23	昆明	安宁、曲靖、玉溪、澄江、宜良、富民、石林彝族自治县、晋宁、陆良
24	汕头	揭阳、潮州、汕尾、饶平、诏安、丰顺、普宁、惠来、揭西
25	石家庄	新乐、晋州、辛集、衡水、定州、保定、邯郸、邢台、阳泉、正定、井陉、元氏、平山、灵寿、行唐、无极、深泽、赵县、高邑、赞皇、宁晋、内丘、柏乡、曲阳、唐县、望都、顺平、临城
26	合肥	长丰、巢湖、六安、淮南、铜陵、南京、肥东、肥西、舒城、庐江、桐城、寿县、定远、凤台
27	乌鲁木齐	昌吉、阜康、五家渠、吐鲁番、乌鲁木齐县、呼图壁县
28	宁波	舟山、余姚、慈溪、奉化、绍兴、嵊州、杭州、临海、台州、宁海、三门、象山
29	太原	古交、晋中、太谷、阳泉、忻州、汾阳、寿阳、清徐、交城、文水、娄烦、盂县、祁县、阳曲、平定
30	厦门	龙海、漳州、泉州、南安、晋江、龙岩、石狮、长泰、漳浦、南靖、平和、安溪、华安、金门、惠安
31	南宁	来宾、钦州、贵港、防城港、宾阳、隆安、平果、崇左、扶绥、上思、横县（马山、上林）
32	福州	福清、永泰、莆田、宁德、南平、闽清、闽侯、连江、罗源、平潭
33	温州	瑞安、乐清、温岭、玉环、丽水、永嘉、青田、平阳、苍南、福鼎、仙居、台州、文成
34	南昌	南昌县、安义、进贤、丰城、高安、樟树、共青城、宜春、鹰潭、抚州、九江、庐山、上饶、靖安、奉新、永修、新余、上高、宜丰、余干、都昌、鄱阳
35	常州	溧阳、江阴、无锡、宜兴、丹阳、句容、扬中、镇江、南京、靖江、泰兴、泰州、扬州、仪征、张家港、苏州、常熟
36	无锡	宜兴、常州、江阴、靖江、张家港、常熟、苏州、泰兴、丹阳、镇江、溧阳、南京
37	贵阳	清镇、安顺、遵义、修文、息烽、开阳、贵定、龙里、惠水、黔西、长顺、织金、普定
38	唐山	天津、秦皇岛、迁西、玉田、滦县、乐亭、昌黎、卢龙、迁安、遵化、沧县

资料来源：笔者绘制。

三、中国重要都市圈的基本特征

（一）区域分布相对集中

这38个都市圈的区域差异显著，东部地区比较集中。38个都市圈中，超过一半的都市圈（21个）都分布在东部地区，远多于中部和西部地区，中部6个省份以各自的省会城市形成了6个都市圈，西部地区地域面积辽阔，但只分布了7个都市圈，东北3省围绕3个省会和1个计划单列市形成了4个都市圈。

都市圈处于城市群的核心地带。在所有都市圈中，仅有汕头市和温州市不在“十三五”规划确定的13个城市群范围中，其他都市圈都是所在城市群的核心组成部分。这符合都市圈形成的基本路径，即都市区化—大城市化—都市圈化—城市群化的过程，都市圈的发展是形成大规模城市群的前提和基础。

大城市密集地区出现都市圈重叠交融的现象。随着地区中心城市的影响力不断增强，与周边城市形成更紧密联系，都市圈的辐射范围逐渐扩大，地域相近的大城市所形成的都市圈随之出现重叠。目前在京津冀、长三角、珠三角这3个大城市密集地区已出现了不同程度的都市圈重叠。北京和天津的辐射范围基本一致，环绕京津的首都圈和石家庄圈正在逐渐接近，随着雄安新区的设立，两圈的联系将更加被拉近。长三角的上海圈和杭州圈已经出现重叠，上海和杭州的联系越来越强，可能逐渐融合形成“大都市圈”。珠三角的广佛和莞深两个核心都市圈也趋于融合，同时汕头的快速发展为“泛珠三角”的形成奠定了重要基础。未来在东部沿海三大城市群将出现“大都市圈”的模式。

都市圈范围超越行政边界，功能地域互相连接。38个都市圈中有26个跨越了地级行政单元的边界，大部分中心城市已与周边地级市形成紧密联系。重庆都市圈由于特殊的地域条件，通达条件一般，范围仅限于主城区和市辖区内。大连都市圈范围也仅限于大连市内，100公里或1小时通勤尚不能联系到周边的地级市。此外，大部分都市圈没有超过省级行政边界，只有南京都市圈出现跨省，包括了安徽省的马鞍山、滁州和芜湖等地，接近合肥都市圈的边界。

总的来看，都市圈已逐渐成为全国城镇化和各个城市群发展的核心单元。经统计，2017年全国38个都市圈范围内设市城市（地级市、县级市）的城区人口规模达到3.84亿，在全国城镇人口（8.13亿）中所占比重为47.2%，除去镇区人口，可以估计认为都市圈的城区人口占全国城区人口总量的比例超过一半①。从就业方面来看，都市圈城市的非农就业规模为1.32亿人，在全国城市的非农就业总量（2.07亿）中所占比重为63.8%②，表明都市圈范围内的城市相较于其他城市具有更强的城镇化表现，而且全国城镇化进程也越来越集中表现于这些城市。

（二）人口规模和经济发展水平差异大

根据38个都市圈的城区人口数据（见图2），按照规模可以大致分为三类：（1）大型都市圈，城区人口总规模超过1500万人，包括上海都市圈、北京都市圈、杭州都市圈和广州都市圈，均分布于我国东部三大沿海城市群（京津冀、长三角、珠三角）内部。

---

① 如果按照《中国城市建设统计年鉴》的全国城区人口总量4.91亿，则所占比重已达78.2%。

② 由于个别城市数据缺失，所得比重略有偏高。

（2）中型都市圈，城区人口总规模超过600万人，但低于1500万人，这里的600万主要基于位序规模分布原则，假定都市圈中至少包括一个超过300万的中心城市和一个超过150万的次中心城市，并以此类推。中型都市圈共28个，大部分都市圈人口规模均处于这一区间。（3）小型都市圈，以城区人口总量低于600万为标准，共有6个都市圈，分别为昆明都市圈、南宁都市圈、太原都市圈、贵阳都市圈、唐山都市圈和乌鲁木齐都市圈。这些规模较小的都市圈中，中心城市的辐射能力比较薄弱，形成紧密联系的圈层范围也比较有限，而且唐山都市圈更为特殊，因此毗邻天津，同时处于北京和天津两个中心城市的辐射范围内，自身的辐射范围仅到秦皇岛，未来可能逐渐融入京津形成更大的首都圈。

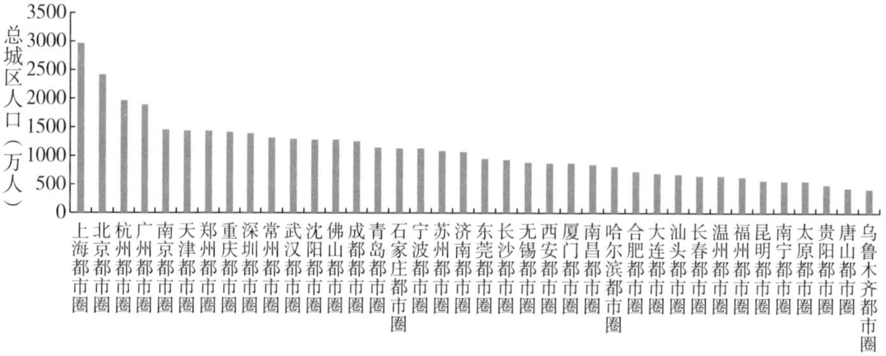

图2　2017年各都市圈城区人口总量

数据来源：《中国城市统计年鉴》和《中国城市建设统计年鉴》。

依据《中国城市建设统计年鉴》所提供的“城区面积”数据[①]，可以推算出各都市圈的人口密度。数据显示（见图3），哈尔滨都市圈位居第一，这可能是由于哈尔滨都市圈的范围仅包括哈尔滨的市辖区、大庆市和肇东市，城区面积较小，但集聚的人口较多。相较而言，

① 包括：（1）街道办事处所辖地域；（2）城市公共设施、居住设施和市政公用设施等连接到的其他镇（乡）地域；（3）常住人口在3000人以上独立的工矿区、开发区、科研单位、大专院校等特殊区域。

北京都市圈的人口密度偏低，这是由于以北京、天津为代表的城市建设速度较快，目前的城区面积已经很大，虽然人口规模总量很大，但在分布上趋于全域化。

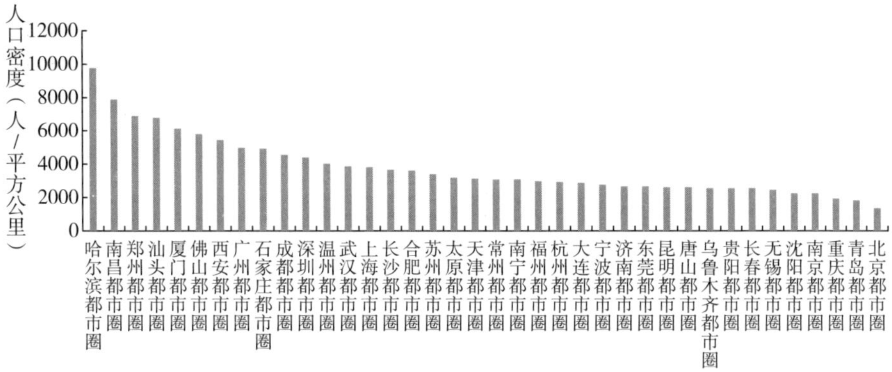

图3　2017年各都市圈城区人口密度

数据来源：《中国城市统计年鉴》和《中国城市建设统计年鉴》。

根据 38 个都市圈内各城市的 GDP 汇总数据，发现都市圈间的经济发展差异远大于人口规模的差异。按照 2017 年统计数据，经济总量最大的是上海都市圈，超过 4 万亿元，而后是北京都市圈，超过了 3 万亿元。而经济总量最小的是乌鲁木齐都市圈，约为 3334 亿元，不足上海都市圈的 1/10。所有都市圈的 GDP 平均值为 1.4 万亿元，高于这一平均值的都市圈有 16 个，剩下超过一半的都市圈都低于这一平均值。

（三）公共交通建设相对薄弱

南方都市圈内城市建成区的平均道路网密度高于北方。2017 年，以秦岭—淮河为地理分界线，北方都市圈城市建成区的平均道路网密度为 6.047 公里 / 平方公里，南方的平均值为 6.249 公里 / 平方公里。全国 38 个都市圈道路网密度的平均值为 6.19 公里 / 平方公里，其中密度最高的是青岛都市圈，达到 9.92 公里 / 平方公里，其次为武汉都市圈、无锡都市圈等（见图 4）。地处长三角的都市圈得益于整个城市群的协同发展，道路网密度整体较高。

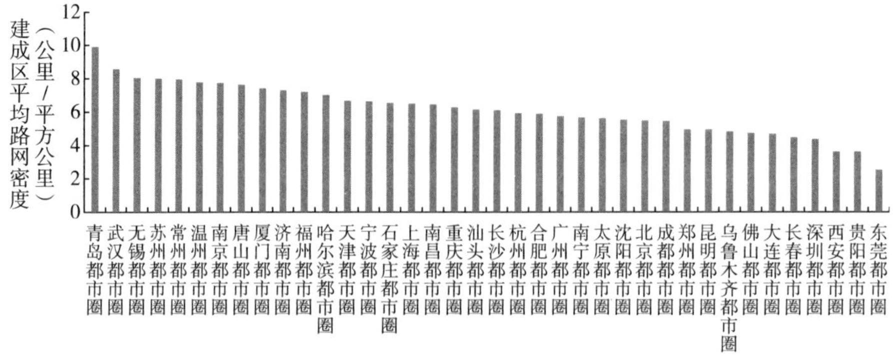

图4　2017年各都市圈平均道路网密度

数据来源：《中国城市统计年鉴》和《中国城市建设统计年鉴》。

以新兴二线城市为核心形成的都市圈的道路网密度较高，且多为组团式城市结构，有利于增强都市圈内部城市间的相互联系，有较大的发展潜力。而以北上广深为核心的都市圈道路网密度却并不高，只有上海都市圈的道路网密度高于平均值。由于一线城市的城市建设起步较早，道路网络成形也比较早，但建成区面积同时在快速增大，城市的无序扩张导致当前的道路网密度数值较低。

国内大部分都市圈的公共交通尚未形成成熟的体系，仅能覆盖单一的中心城区，并不能与周边县市形成更紧密的通勤联系。因为公共交通是一种重要的通勤工具，所以从公共交通的发展建设上也可以窥见都市圈一体化发育的成熟程度。以轨道交通为例，包括地铁、轻轨等常见的出行方式，从已有的建成长度来看，北京和上海位列前两名，有 10 个都市圈的中心城市没有轨道交通。从在建长度来看，几乎所有的都市圈中心城市都有建设计划，通过建设轨道交通来增强城市内部和城市间的通勤联系（见图 5）。

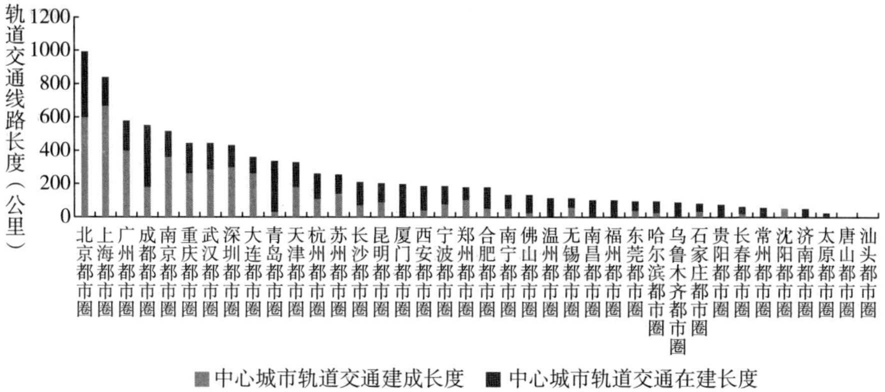

图5　2017年各都市圈中心城市的轨道交通发展情况

数据来源：《中国城市统计年鉴》和《中国城市建设统计年鉴》。

（四）发展成熟程度差异显著

按照都市圈内城市的经济发展水平和基础设施建设水平两项核心指标进行评估分类，对应选用2017年的城市人均GDP和建成轨道交通线路长度两个变量，采用因子分析的方法得到因子得分，并对其进行排序。根据得分排序结果，本文所识别的38个都市圈可以划分为三类（见表2）：（1）相对成熟型，共8个都市圈，包括北上广深四个一线城市，长三角的苏州、无锡、常州及南京都市圈，这些都市圈的城市经济发展均处于较高水平，且轨道交通发展较好，为居民基本通勤和城市间联系提供了重要基础。长三角的都市圈均被划入该类别，反映出长三角地区已形成比较紧密的城市间联系，都市圈的范围存在部分重叠，并以之为核心形成了全国领先的大型连绵城市群。（2）快速发展型，共10个都市圈，这些城市主要为省会城市和计划单列市，是近年来新兴二线城市的代表。随着"抢人大战"的兴起，这些城市通过落户政策的调整吸引大量人才流入，人力资本实力快速提升，为都市圈的发展提供了充足的动力。（3）积极培育型，共20

个都市圈，这些都市圈的经济发展和基础设施相对落后，中心城市虽然已经具有一定体量，但对周边县市的辐射能力不强、辐射范围较小，尚未形成更加紧密的城市间联系，仍然存在一定的发展潜力，需要通过政策的引导来推动都市圈的积极向好发展。

表2　　全国主要都市圈的发育程度分类

类别	都市圈
相对成熟型（8个）	上海都市圈、北京都市圈、深圳都市圈、广州都市圈、无锡都市圈、南京都市圈、苏州都市圈、常州都市圈
快速发展型（10个）	武汉都市圈、杭州都市圈、天津都市圈、大连都市圈、成都都市圈、宁波都市圈、长沙都市圈、青岛都市圈、重庆都市圈、厦门都市圈
积极培育型（20个）	郑州都市圈、济南都市圈、福州都市圈、佛山都市圈、昆明都市圈、东莞都市圈、长春都市圈、合肥都市圈、南宁都市圈、西安都市圈、哈尔滨都市圈、唐山都市圈、贵阳都市圈、南昌都市圈、石家庄都市圈、乌鲁木齐都市圈、沈阳都市圈、太原都市圈、温州都市圈、汕头都市圈

注：按100分计算，89分以上的为相对成熟型；80～89分为快速发展型，80分以下为积极培育型。

四、促进中国重要都市圈发展的措施

（一）分区分类推动不同都市圈发展

不同的都市圈有不同的成熟阶段，需要因地制宜制定发展对策。相对成熟型的都市圈，基础设施相对完善和经济发展水平较高，则要更多地强化国际合作和区域协调，提高其在全球的竞争力和影响力，促进都市圈和城市群、都市连绵区的融合发展。快速发展型的都市圈主要是以东、中部的省会城市和计划单列市形成的都市圈，需要进一步集聚人口和经济活动，迅速提高都市圈的辐射力。积极培育型的都市圈主要是以中西部的省会城市形成的都市圈，基础设施和经济发展水平较低，需要加大在基础设施建设方面的投资和建设力度。

（二）以建设智慧韧性城市为导向，增强城市交通信息卫生等基础设施的能力

基础设施是都市圈建设的重要抓手，以高速铁路、高速公路和城市轨道交通为代表的交通基础设施的发展极大地拉近了地区和城市间的时空距离，催生了一系列新的生活和工作方式，城市基本功能和服务的共享范围不断扩大。发达国家成熟的都市圈都具有良好的公共交通组织架构，如东京都市圈拥有全世界最密集的轨道交通网，环形放射状布局已成为整个都市圈的交通骨架。在都市圈的建设中，在跨区域交通基础设施建设和运营服务方面，应当加快跨区域不同等级公路连接、城际轨道交通建设、异地公交运营等方面的建设。新冠肺炎（COVID-19）疫情的发生将对都市圈及城市建设带来很大影响，需要重新思索城市的规模和密度。无论如何，未来对于智慧韧性城市的要求会更高，这就需要更多地运用信息化和信息技术，即通过大数据、云计算、人工智能等手段提高城市管理水平，还需要通过建设更多能快速响应的公共卫生和防疫设施来提高城市的韧性。

（三）加强空间治理，以省级政府为责任主体，编制和监督实施都市圈规划

都市圈需要中心城区、通勤地区以及外围区域之间的协同发展，提高空间治理水平，以劳动力、资本、技术等要素自由流动促进都市圈建设。在当前的区域经济发展当中，受限于行政边界的约束，各地区主导产业同构、要素流动受阻现象仍然存在。从细化政策尺度的角度来看，通过要素自由流动形成的都市圈要素市场，是未来政策制定和实施的主要空间单元，能够提高区域政策的精准性，更加有效地适

应经济社会发展的需要。以公共服务在都市圈内同城化为目标，协商建立教育卫生等服务设施共建共享共治机制，加强都市圈内的生态交通走廊的留空和对接。我国都市圈的空间范围大部分都超过了单个城市的行政范围，但突破省级行政范围的都市圈很少，建议由省级政府为责任主体，结合国土空间规划和发展规划，编制和监督实施都市圈规划，实现责任主体明确，责任主体的管理权限与都市圈空间范围基本一致，降低管理成本。

执笔人：刘云中　刘嘉杰

参考文献

[1] World Bank（2015），East Asia's Changing Urban Landscape Measuring A Decade of Spatial Growth

[2] J. Harrison and M. Hoyler（2010），Megaregions：Foundations，Frailties，Futures，GaWC Research Bulletin 434

[3] 冯奎，郑明媚. 中外都市圈与中小城市发展. 北京：中国发展出版社，2013

[4] 孙斌栋等. 走向大中小城市协调发展的中国新型城镇化格局. 地理研究，2019（1）

[5] 周一星. 城市地理求索：周一星自选集. 北京：商务印书馆，2010

专题报告五

空间规划与区域一体化发展

一体化空间规划是承载区域一体化发展内容、明确区域经济一体化发展目标、解决跨区域协同发展问题的重要蓝图和依据。需通过对国内外区域一体化空间规划经验的分析，探索如何克服当前我国空间规划仍以行政区划分割的问题，真正形成区域发展“一体化一张图”，为此提出政策建议。

一、区域一体化发展蓝图：空间规划

（一）区域一体化发展的重要意义

区域一体化发展是邻近地区跨行政边界的多边经济合作经济地理现象。通过协商设定跨区域贸易合作规则，消除经济来往中的障碍，促进要素跨行政区自由流动和优化配置，从而促进区域内经济、社会的发展。区域一体化发展对于区域发展具有显著的益处：通过合作协商，区域内不同地区可通过规则共享、加强内部投资和技术转移等方式，推动内部各地区自身体制改革和市场经济发展。此外，还能够通过一体化发展，形成区域层面的经济、治理联盟，提升区域参与地区与全球性事务的竞争力。

从当前世界和国家内部空间发展特征上来看，点状的地区竞争逐渐被块状的区域协作所取代。在不改变行政区划的基础之上，通过地区间协同合作的加强，跨国区域一体化和国内区域一体化迅速发展。区域一体化已经成为突破发展瓶颈、解决跨区域发展问题、提升地区整体和各个部分竞争力的重要途径。自 20 世纪 50 年代后，随着信息技术的快速发展，全球范围内由国家、地区参与的分工网络不断发展，区域经济一体化成为全球一体化和多极化发展的象征。[①] 为进一步融入国际经济体系，自改革开放之初，我国提出了一系列经济一体化方案，推动外向型经济的发展。当前我国区域经济协同发展最为成熟的三个地区：京津冀、长三角、珠三角，均得益于改革开放之初的区域一体化发展战略。

由于中央和地方政府长期以来形成的“分灶吃饭”发展格局，行政区划往往造成生产要素自由流动的限制。为实现持续发展的目标，我国区域经济一体化通常发生在地缘邻近的不同行政区划主体之间。从产业发展的角度，通过价值链形成一定空间范围内的分工结构，带动产业聚集，促进了地区间的分工合作。从产业发展的角度对我国区域经济一体化进行定义可知，具有地缘关系的不同行政区划之间，为实现某些共同目标，基于自身优势，形成分工合作机制，通过消除行政区划对生产要素自由流动造成的阻碍，形成一个统一区域市场的过程。[②] 在此背景之下，区域一体化最终会使一体化区域内产业呈现出聚集发展的趋势，同时，产业还将进行梯度转移，最终形成产业生态。

① 陈劲松. 经济全球化背景下的区域经济一体化[J]. 经济与社会发展，2001（9）：47–49.

② 孙大斌. 由产业发展趋势探讨我国区域经济一体化动力机制[J]. 国际经贸探索，2003，19（6）：71–74.

梯度转移、融合化、生态化的发展趋势构成我国区域经济一体化的主要内在机制。此外，许多发展问题必须依赖跨区域合作机制来解决。如黄河生态保护与高质量发展，经济带各主体分布在黄河两岸，拥有共同的生态系统，也面临着类似的发展困境，一体化协调发展是实现可持续发展目标的重要途径。

（二）以空间规划带动区域一体化发展

目前，区域经济一体化发展已成为我国重要的战略。但与此同时，我国区域发展存在着发展不平衡、不全面，发展效率有待提升的问题。东、中、西三大区域发展差距较大，南北区域发展差距也在不断扩大。

区域经济一体化的实现依托于区域内各政府职能的转变。不同行政区在完成区内工作的基础上，基于共同认可的合作制度，实现跨区域共同发展目标，解决跨区域治理的问题。本质是通过跨区域合作，提供区域性的公共服务：围绕区域共同目标，形成统一的规划、统一的政策、统一的服务体系，促进要素在区域内自由流动和最优配置。

区域一体化发展本质是一种依赖空间协同实现发展目标的模式，空间的跨区域规划是解决以上问题的重要思路。我国国土空间开发的水平较低，通过更加科学的国土空间规划，能够真正对空间这一重要资源和与其相关的生产要素、产业、生态环境等内容进行合理分析，形成符合区域特点的空间利用模式，同时还能够解决空间引起的发展问题，解决发展和空间之间的矛盾。空间规划也是区域经济高质量一体化协调发展的重要内容和基础。

（三）区域一体化背景下的空间规划

区域一体化发展规划是跨区域合作机制与公共服务的重要载体，

是一体化发展的共同蓝图。首先，空间规划明确了一体化的范围：邻近地区，空间位置和文化习俗相近，发展和治理目标深度相关，易形成合作。其次，明确了各个参与主体的资源禀赋，为明确各行政区在大区域中的发展功能定位奠定基础。最后，明确提出区域一体化发展的基础设施发展方案，既包括能源、交通等“硬”基础，也包括合作机制、流通机制、产业分工协调机制等“软”基础。促进区域一体化发展，空间规划须符合精准融合的要求，即参与一体化发展的行政主体明确自身优势、发展目标、发展瓶颈、资源禀赋，能够基于自身发展特征选择参与一体化发展的最佳方式，并借助一体化实现本地区和大区域的发展目标。

二、我国现行空间规划体系与“多规合一”探索

（一）我国现行规划体系与存在的问题

目前各国的空间规划体系建立的基本逻辑，是对一定时期内如何利用一定范围的空间，进行满足一定功能的规划。20 世纪 80 年代以来，随着区域内部各类发展内容不断丰富，空间规划从简单的土地和建筑规划上升为对空间内经济、社会、生态等诸多要素进行合理的空间安排。

针对不同地理空间和不同发展主题，我国在探索空间发展规划的过程中已经形成垂直行政层级和横向发展内容同时存在的一个复杂的空间规划体系，主要包括城乡建设规划、经济社会发展规划、国土资源规划、生态环境规划、基础设施规划等系列。[①] 以上规划所存在的

---

① 宣晓伟. 中国空间规划体系的构建和完善——以中央与地方关系为视角[J]. 区域经济评论，2019（02）：15-31.

层级、针对的发展领域和法律依据各有不同。其中最为重要的规划有以下三类。

国民经济和社会发展总体规划：由《宪法》授权，明确地区社会经济发展的总体目标，其他规划的制定需要依托这一规划进行。

城乡规划：对城镇体系规划、城市规划、镇规划、乡规划和村庄规划的统称，依据《中华人民共和国城市规划法》，对一定时期内城乡社会和经济发展、土地利用、空间布局以及各项建设的综合部署、具体安排和实施管理。

土地利用总体规划：以《中华人民共和国土地管理法》为法律依据，需遵守部门规章、规范性文件和技术标准。由不同职能部门制定的对于土地这一最基本的空间资源进行开发、利用、保护等的各类规划组合而成。

随着我国产业发展和新型城镇化发展进入新阶段，资源短缺与配置效率低下问题日益凸显，原有空间规划和地区创新驱动发展之间矛盾加剧。尤其是由以上三类规划为主体构成的当前中国空间规划体系面临着规划过多、规划打架、规划约束力弱等突出问题，已经成为中国进一步实现发展和全面复兴的阻碍。国民经济和社会发展规划、城乡规划以及土地利用规划三规并重，目标不同，坐标系不同，空间数据存在较大偏差，导致各规划内容矛盾，管控范围重叠，难以测算各类空间容量。这一问题在市一级的规划上体现得尤为突出，导致土地资源难以得到有效利用、产业难以合理布局、跨区域生态问题协同困难、空间治理水平低下，非常不利于我国以城市群、都市圈为主要形式的区域一体化发展目标的实现。

（二）“多规合一”试点与存在的问题

在此背景下，“多规合一”的解决方案受到各级政府和学术界的广泛关注。作为一种区域规划理论与技术创新方法，“多规合一”能够从跨越行政区划边界、行政层级的战略高度，通过区域空间规划的优化，协调各项发展目标，促进各类规划在空间上实现目标的统一性、功能的一致性和分工合作的协同性。①

2014 年 11 月，国家发展和改革委员会、国土资源部②、环境保护部③、住房和城乡建设部四部委联合，在全国确定 28 个市县开展“多规合一”试点，以经济、社会、环境可持续发展为目标，通过生产、生活、生态“三生合一”推动“一张蓝图”的形成。由国土资源部、住房和城乡建设部、国家发展和改革委员会分别联合环境保护部所出具的不同侧重的三类试点方案均取得了一定成效。总结起来，以上试点在以下三个方面积累了共同的发展经验：一是明确了以自然资源承载力为红线、总量控制的规划原则。无论是以国土资源为红线，以多生态系统融合的生态红线为上限，还是以环境保护基础为准，均确立了生态优先的规划原则。二是将空间内生产、生活、生态的相互协同、有序发展作为所有规划的共同目标，以目标为导向促进规划内容的协同。三是在规划组织保障和横向领域协同方面，初步形成了纵向和横向协同规划的方式。

但是总体分析，以上试点规划编制年限仍然局限于上一轮国土空间规划的 2020 年这一时间节点。首先，横向职能部门之间条块分割的局面并未得到根本性的解决。其中，规划、标准的不统一仍然是制约规划协同发展的重要原因，究其根本，各规划所依据的基础空间数据、坐标都并未统一，规划的边界不清晰，难以真正实现功能规划的

---

① 刘彦随，王介勇.转型发展期“多规合一”理论认识与技术方法[J].地理科学进展，2016，035（005）：529-536.

② 现为自然资源部。

③ 现为生态环境部。

协同。其次，要解决多规划体系相互打架而阻碍区域发展的问题，仅仅在县市层面促进发展目标的协同是不够的。“多规合一”的空间规划体系的核心是在行政、职能不同维度消除“边界”导致的矛盾，需要在更大范围内实现“合一”才能够真正解决跨区域、跨部门的问题。

（三）新一轮国土空间规划与区域一体化规划的探索

2019年5月，《中共中央　国务院关于建立国土空间规划体系并监督实施的若干意见》正式公布，掀起了新一轮国土空间规划的热潮。随着“十三五”发展阶段临近结束，我国在经济、社会、生态环境等方面发展水平显著提升。当前内外部发展环境和形势已发生巨大变化，2020—2035年，我国正处在转变经济发展方式、优化发展结构、转化增长动力的关键时期。在世界范围内，新一轮科技和产业革命正在向纵深推进，全球范围将出现主导产业更替、生产组织方式变革、产业布局重塑等一系列深刻变化。在充满了机遇和挑战的发展环境中，能否抓住技术创新的机遇，不断应对新的挑战，并将转型发展的压力转化为动力，建设现代产业体系，是任何一个地区未来实现高质量发展的关键所在。区域经济一体化协调发展是未来带动我国持续发展的一个重要领域。此时进行的新一轮国土规划就成为既保证我国经济在新形势下持续稳定发展，又保持可持续发展的关键方案。

2019年12月1日，中共中央、国务院印发了《长江三角洲区域一体化发展规划纲要》，是近年来我国出台的指导区域一体化发展的纲领性文件，是制定相关规划和政策的依据。长三角一体化发展作为提升我国重点地区参与世界范围竞争的重要支撑，将通过区域空间一体化规划，实现探索体制机制创新、推动生产要素自由流动、引领长江经济带发展、树立全国区域一体化发展典范等重要目标。

以上规划明确了各省份参与一体化发展的重点，以功能定位推动分工协作。如上海充分发挥对外发展等方面的引领性作用；安徽充分发挥腹地链接优势，实现生态环境保护；浙江充分发展数字经济推动创新研发等。就目前公布的长三角一体化空间规划内容来看，长三角一体化空间规划还体现出以下三个方面的特点。

第一，空间一体化发展对于不同空间范围具有阶段性。按照以点带面、依次推进的原则和由小到大的范围，以新片区拓展功能、示范区先行探索、中心区率先复制、全域集成推进作为一体化发展的空间布局，有效地推进一体化发展。

第二，以跨省（区、市）的共享发展目标推动一体化发展。如针对重大基础设施建设、环境保护、区域协同创新、区域营商环境优化、市场联动监管、公共服务等领域，提出一体化规划和协同治理的机制。

第三，将区域性共享平台作为区域一体化发展抓手。重点提出了加强长三角科技资源共享服务平台等一系列信息互通共享的公共服务平台建设，体现出数据信息的统一对区域一体化空间规划的意义。

目前长三角一体化规划刚开始实施，尚未形成完整的区域间空间一体化规划体系。但总体来看，提升区域一体化发展水平已成为我国空间规划的主要方向。

三、发达国家空间规划体系发展的经验

对比发达国家，我国国土空间开发程度较低，还有巨大的发展空间，随着新一轮国土空间规划的推动，区域空间规划模式创新将快速发展。发达国家在逐步形成自己空间规划体系的过程中，也曾遇到类似的问题。虽然与我国相比，它们的历史基因、行政管理体系、发展

路径和发展阶段各有不同，但他山之石可以攻玉，了解发达国家解决空间规划事权划分和统筹协调中央及地方政府空间规划的相关经验，对我国当前阶段解决空间规划发展的实际问题具有重要的意义。

参考发达国家较为成熟的空间规划体系，促进区域一体化发展的空间规划体系应该形成横纵结合的空间规划体系：纵向空间规划体系以发展大目标的协调为主线，形成从县域到城市、到区域、到国家，层层递进、相互支撑的规划目标体系，并落实在具体的空间规划中；横向规划体系主要是通过跨部门跨区域的合作，打破行政壁垒，提升规划的专业性，形成多目标协同、区域一体化的空间规划体系。同时，在不同层级规划背后，都有与之对应的、严谨的法律法规作为约束和保证，并尊重空间中各类发展主体的利益诉求。

（一）层层协调的德国一体化空间规划体系

作为拥有悠久联邦制度历史的国家，第二次世界大战后，德国颁布的德意志联邦共和国《基本法》规定："所有德国人在各州均享有同等的公民权利和义务，国家必须在联邦领域内创造同等的生活条件。"德国将均衡发展作为发展目标，[①]其空间规划主要依据兼顾效率与公平的原则，推动国家的均衡发展，并合理进行空间规划，达到高效的空间资源配置，实现均衡发展以及可持续发展目标，包括产业和区域的发展以及生态环境的保护。[②]德国空间规划体系是依照"立法先行、分级规划、公众参与、协调为主"的原则建立的，并与其行政体系相配套。德国均衡发展的空间规划体系本质上是一个上层行政

① 祝捷. 联邦德国基本法与德国的统一[J]. 武汉大学学报（哲学社会科学版），2010（5）：723-727.

② 鲍晓. 德国促进区域平衡发展的经验[D]. 对外经济贸易大学，2005.

主体层层协同、推进一体化发展的空间规划体系（见图 1）：

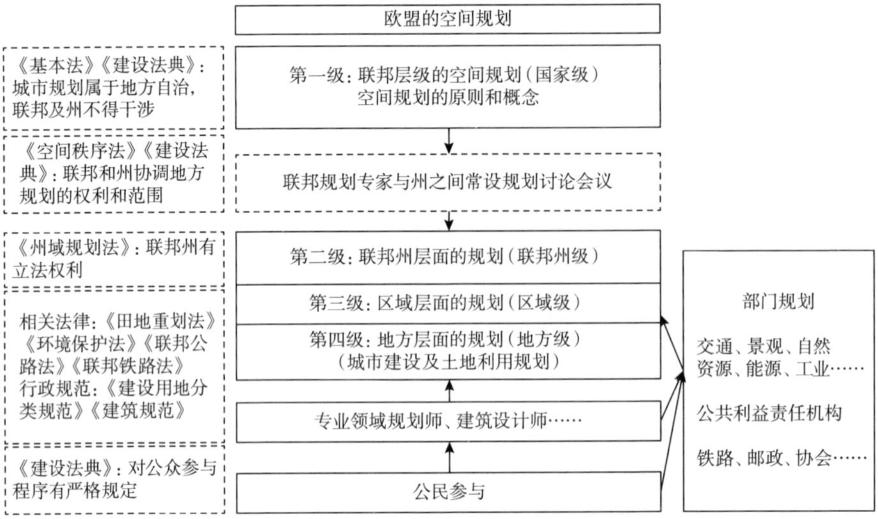

图1　德国空间规划体系

依据行政体系，德国的空间规划事权划分共有 4 个层级，其中只有最下一层是具体空间规划方案制定的主体，在各专业部门及公共部门和公众的参与下，负责聘用专业人员，完成规划方案。剩下的 3 个层级的主要任务是承担不同层面的空间规划协调工作。

最高一层为联邦政府，在空间规划制定中明确规划原则，明确空间规划的最终发展目标，比如可持续发展和均衡发展目标。主要承担着协同各个州政府的作用，即调解跨州的规划矛盾和协调重要基础设施的规划。

第二层是联邦州，一是通过立法为区域和地方规划制定出台法律依据，二是对州内各区域及地方提出规划原则，三是调解本州内各地方规划之间的矛盾。

第三层是区域层面的规划，可以自行制定区域规划，但更多的是协调一定区域内各地方规划中涉及的横向职能部门规划。

在此过程之中，《基本法》与《建筑法典》确立了地方规划的法律地位，《空间秩序法》与《建设法典》明确了联邦及州政府监管地方规划的责任和权利范围；《州域规划法》是州内区域及地方规划的法律基础；各种专业法律及行政规范明确了不同专业规划的法律依据，并明确相互之间的协调机制。《建设法典》对公民参与规划的过程做出严格规定，保证公民参与规划的必要性及合法性。

德国空间治理的主体主要是各层次的行政主体、公众、其他公共部门以及专业人员。联邦、州、区域及地方的权限和职责有清晰的划分，从联邦到地方，在遵循发展原则的基础上，落实不同层面具体政策的实施；联邦及州政府负责协调不同专业的发展规划，不同专业的法律之间同样遵照协调统一、目标一致的原则。上述保证了联邦、州、区域和地方政府之间权力的平衡，也实现了不同地区、不同专业领域在空间发展中的协调。

（二）区域共同体推动下的法国一体化空间规划体系

作为国土开发规划历史悠久的国家，法国的第一部城市规划法律颁布于 1919 年。1943 年，法国通过对 1919 年城市规划法律文件的修改，形成了具有效力的城市规划法律文件。[①] 第二次世界大战后，法国中央政府认可了 1943 年修订的城市规划法律，建立起由国家建设部管理的空间规划编制体系，成立了负责全国空间规划和审批的机构，在各省直接设立分支机构负责市镇一级的空间规划制定和审批工作，地方集体仅在最后阶段参与部分咨询工作，但不直接参与空间规划的制定。[②] 这一以中央政府主导、垂直规划职能为核心的体系，实

① 卓健，刘玉民. 法国城市规划的地方分权——1919—2000年法国城市规划体系发展演变综述[J]. 国际城市规划，2009，24（s1）：7-15.

② 刘健. 20世纪法国城市规划立法及其启发[J]. 国际城市规划，2009（s1）：256-262.

现了战后快速重建城市的目标。

20世纪60年代起，为适应跨区域重大基础设施的建设，法国中央政府将建设部重组为装备部，在省一级政府内设置装备部门，省级政府装备部门权力加强，1967年随着《土地指导法》颁布，标志着地方政府逐渐成为空间规划的主导者。[①]进入20世纪80年代后，法国将地方详细规划编制权限完全下放地方政府，市议会主持编制详细的《土地利用规划》和明确宏观发展方向的《总体规划纲要》。中央政府则重点关注可持续发展、协调跨区域联合发展目标和公共服务跨区域统筹等工作。

在中央和地方市镇之间，有两个主要负责促进区域协同的一体化规划层级，一个是大区规划，一个是市镇共同体规划。

大区由不同省区组成，能够在最佳的尺度上保证跨地区公共基础设施建设的效率，保证中央和地方整体发展规划的统一。在《地方分权法》中，以合约的形式明确了中央政府和大区合作的方式，中央政府通过合约向大区转移资金，将大型基础设施空间规划工作转移给大区议会完成和通过。

在省内遇到跨区域一体化发展问题时，则通过市镇共同体的方式完成协同规划工作。在地方规划中，较小的市镇可以通过形成跨区域地方自治公共机构的方式，依法享有征收特别税的权利、编制市镇共同体内空间规划的权利、在区域空间界限内公共基础设施和居住区的开发权利，可协调共同体范围内的地方性空间规划事务。这一机制具备范围灵活可扩展的特点，既能满足空间规划的针对性要求，真正做到“一区一策”，同时还能根据一体化涉及内容的变化而扩大或缩小

① 蔡玉梅，何挺，张建平. 法国空间规划体系演变与启示[J]. 中国土地，2017（7）：32–34.

合作范围。这一机制同时也是支撑法国上下行政层级和横向职能部门之间相互协调的重要环节（见图 2）。

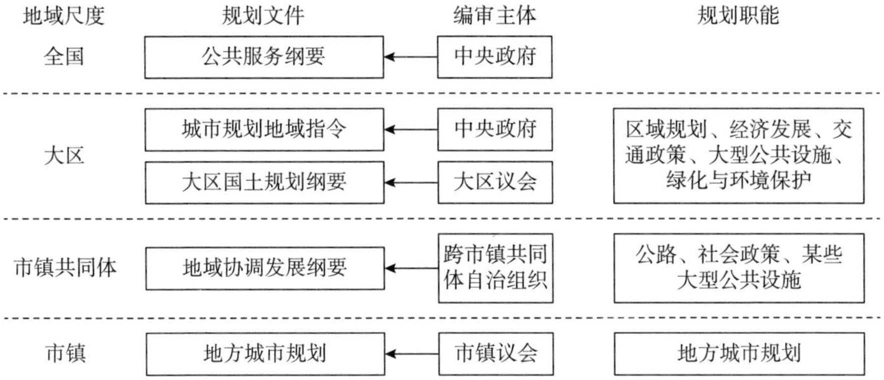

图2　法国空间规划体系

（三）以横向部门协同推动一体化的日本空间规划体系

1868 年明治维新后，为改变老城市狭窄、拥挤的面貌，作为新政府的形象工程，中央政府主导并通过国家财政拨款大力支持城市规划建设。地方政府通过竞争中央财政资金，实现了自上而下的规划统一。第二次世界大战后，大量民间资本参与的地区空间开发项目和基础设施建设项目，推动了地方空间规划体系的发展。1968 年，新《都市计画法》《建筑基准法》《城市规划法》颁布，市村町一级的地区政府成了地方空间规划的负责主体，上级的都道府县相应的空间规划部门仅负责骨干城市的规划和开发，而中央政府仅对涉及跨行政区域的规划进行直接干预。① 20 世纪 80 年代以来，随着精细化空间功能规划的要求出现，日本进一步增设了“地区规划”，允许地方因地制宜对空间进行利用，并赋予地方一级权力出台条例对空间利用进行监督。

① 谭纵波. 从中央集权走向地方分权——日本城市规划事权的演变与启示[J]. 国际城市规划，2008，23（2）：26-31.

进入20世纪90年代后，以“社区营造”为代表的城市更新空间规划活动逐渐成为积极推动并践行地方空间规划事权的主要趋势。[①]以地方精细化规划为主导，上级政府负责沟通跨区域协调的日本空间规划体系逐渐形成。

在日本空间规划体系中，区域规划作为中央和地方之间的协调层，通过横向部门规划范围内目标和空间布局的协调，促进区域一体化发展。在乡村发展层面，区域规划协调农业生产、村落据点、自然公园等规划，对人口和产业分布较为分散的生态空间实现一体化的规划。在城市一体化发展方面，通过都市圈整备规划，推动城市圈一体化发展。对于特定地区或特殊的地理空间，通过具有针对性的区域规划协调发展目标和空间资源（见图3）。

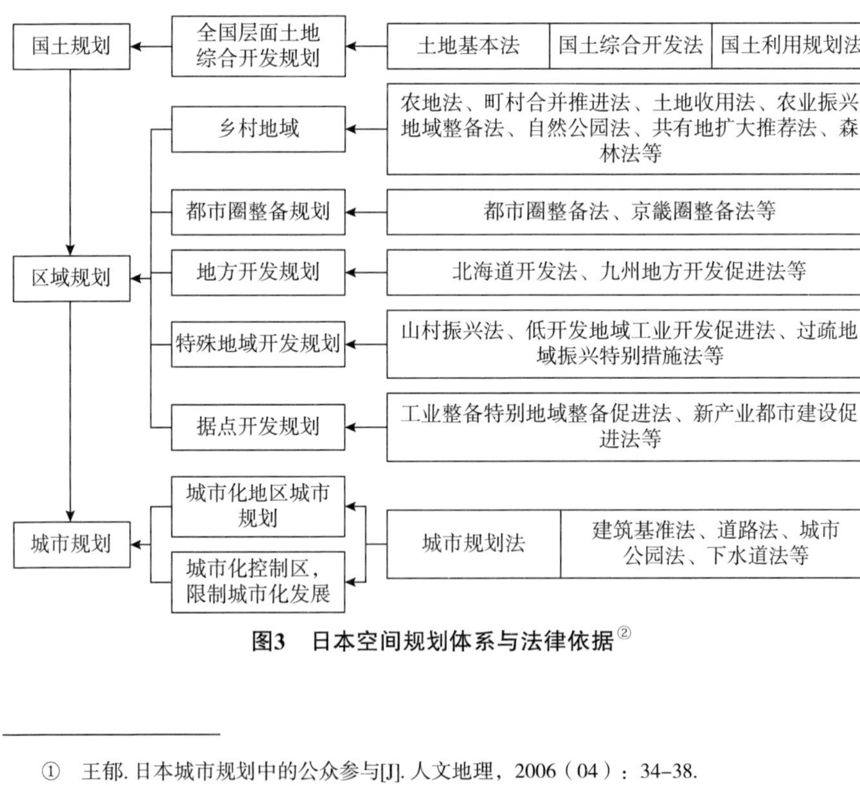

图3　日本空间规划体系与法律依据[②]

① 王郁. 日本城市规划中的公众参与[J]. 人文地理，2006（04）：34-38.

② 谭纵波. 日本的城市规划法规体系[J]. 国外城市规划，2000，01（1）：13.

四、构建区域一体化空间规划体系的建议

总结发达国家较为成熟的空间规划体系，促进区域一体化发展的空间规划体系，首要是形成横纵结合、层层协调的空间规划体系。纵向空间规划体系以共同的发展目标为协调主线，形成从中央到省到城市和县域，层层递进、相互支撑的规划目标体系，上层规划制定部门承担着协调下层空间规划矛盾的任务，不从事具体的规划工作；横向空间规划体系覆盖区域一体化协同的各个职能部门和专业领域，由区域一体化层级或者跨区域规划的上级行政层级统一协调，实现跨部门多目标协同，服务于一体化发展目标的空间规划体系。

法律是实现以上纵向和横向协同规划体系的重要保障。法律保护利益相关者的合法权益，同时约束其行为。法律起到明确权责的作用，清晰界定不同层级的规划范围和职能，并给出协调不同层级空间规划的规则和原则。“法律先行”能够保证不同层级的空间规划参与者明确自身定位以及遇到问题时处理的方法。

空间规划体系需遵循目标优先、方法灵活的原则。纵向和横向的各类规划都是为了发展目标的实现，目标在空间规划中不管是贯穿始终，还是随着不同发展阶段而变化，对于同一时期内各个层级的规划而言，都是一致的。同时，为了处理地方空间规划中遇到的异质性问题，最可操作、最接近的规划必须保持一定的灵活性和独立性。保持一定灵活性的地方空间规划事权不仅能够“特事特办”，在涉及公共服务体系、环境保护及其他特殊问题时，也能更好地促进空间规划的落地。

结合我国“多规合一”试点到区域一体化规划的实践，从促进区域一体化发展的角度，提出以下四点政策建议。

第一，区域一体化空间规划发展应明确统一的发展目标。尤其是需要明确经济发展相关内容与空间规划目标的一致性。如以区域生态环境承载力为底线，在经济方面追求区域发展协调、分工明确，产业集群分布合理，生产要素自由流动，从而缩小区域间发展差距。以上目标对于一体化发展的各主体均应具备可操作性，而且层层呼应，在区域一体化发展战略推动的同时，配套相应的区域一体化空间规划，将区域一体化空间规划作为区域一体化发展目标实现的重要抓手。

第二，形成顶层设计引领，构建层层细化的纵向规划体系。在空间规划领域贯彻落实“中央办大事、地方办小事”，明确各级政府的责权和管控重点。在中央政府层面需要明确区域发展的共同目标和根本原则。一是明确经济社会发展目标；二是明确空间开发的红线，如耕地红线、自然资源保护红线等；三是明确空间规划的法律依据，依法规划；四是负责协调跨省规划。在省级政府层面，在明确自身发展目标的基础上，对外积极参与外部一体化发展，明确自身功能定位，结合实际情况明确空间规划跨省协调的原则；对内平衡好开发与保护之间的关系，明确内部红线。市县级政府层面应“精耕细作”，根据自身发展特点制定详细的空间规划方案，尤其重点管控建设开发行为。

第三，以国土三调数据为基准，促进区域一体化空间规划横向协调。为实现区域一体化发展在横向不同职能部门之间的协调，真正形成各类空间功能的合理规划，首先需要解决我国目前各个横向职能部门规划体系之间数据标准不同、坐标不同、相互矛盾的问题。2019年11月，我国第三次国土调查已进入数据成果全面核查阶段。全国2873个县级调查单元的初始调查成果已全部完成，并上报国家开展国家级核查。在国土三调的一致、精准的空间数据基础之上，才能够实现不同功能的规划和叠加，明确生态红线、耕地红线、城市边界和村庄范围，避免不同功能空间规划之间出现矛盾。

第四，完善促进区域一体化发展的空间规划保障机制。在组织机制保障方面，需要建立由上一级行政主体协调、一体化范围内各区域主要领导和各领域规划专家形成的工作小组和委员会，统筹规划和协调工作。在考核机制方面，尤其是在政府参与一体化发展绩效考核机制方面，应放弃过去以增长为主的指标体系，不仅要建立经济、社会、治理等多维度的考核机制，还应重点关注本地区参与区域一体化发展的特定分工和促进一体化发展相关目标的完成情况。

执笔人：宋逸群

专题报告六

地方司法保护与区域一体化发展

在我国经济由高速增长阶段转向高质量发展阶段的时代背景下，建设社会主义现代化国家需要建立要素、商品充分自由流动的一体化市场，加快技术扩散速度，提高资源配置效率。随着我国改革的不断推进与深入，阻碍市场一体化的显性制度安排等因素得到了较好的解决，但是还存在着一些隐性壁垒，需要引起重视。

各类市场主体能够自由进入、退出全国各地区的市场，并在市场中得到公平对待，是实现国内区域一体化发展的前提基础。现实中，市场主体在准入、生产经营、退出等过程中受到当地营商环境的巨大影响。而如果有些地方存在对本地企业的地方司法保护倾向，那么会对公平公正的营商环境造成负面影响，不仅在微观层面上影响企业在本地的公平经营与竞争，在宏观层面上也会造成隐蔽性的市场分割，影响区域经济一体化进程。

本文从地方司法保护的角度讨论市场一体化过程中面临的隐性壁垒问题，主要围绕地方司法保护与区域一体化的关系、地方司法保护的现状及形成原因三个方面展开，提出一些思路性政策建议。

一、地方司法保护是阻碍区域一体化发展的隐性壁垒

在全国统一健全的法制安排下，无论涉诉市场主体选择向哪里的法院提起诉讼，都应得到依据事实和法律的裁判结果，而不会因管辖地域的不同而产生截然不同的裁决。然而，在现实中一些地方还存在诉讼“主客场”的现象，涉诉双方会因为是否为本地企业而遭受不一样的司法对待。换言之，对于一个市场主体而言，同一起纠纷案件在不同的地区提起诉讼会得到有差别甚至截然相反的司法结果。这种因诉讼地域的不同而影响最终诉讼结果的现象实际上反映的正是司法领域的地方保护问题。此类问题的存在，严重损害了外地当事人的合法权益，既不利于保障跨行政区划民商事案件的依法独立公正审判，也不利于促进形成公平竞争、统一有序的社会主义市场经济体系。并且，由于往往只有在企业涉及诉讼时才会引起注意，因此地方司法保护的负面影响具有一定的隐蔽性，不易为人察觉。

一是地方司法保护会严重损害当地的营商环境。公平与信任是促进市场发展、交易繁荣和文明进步的重要前提，其背后依托的是整个支撑市场正常运转的制度结构，包括正式的法律与非正式的习俗等。

二是地方司法保护不利于本地的长期发展。在这种隐性市场壁垒的庇护下，本地企业面对市场竞争优胜劣汰的压力减弱，改造技术和提高生产率的动力减轻。这将不利于本地企业竞争力的提高，从而对本地长期发展造成不利影响。

三是地方司法保护会造成市场分割，阻碍区域一体化发展。市场中一旦缺乏了公平与信任，经济往来就会受到严重影响。如果企业在跨地区经营时遇到了不公平的待遇甚至是在司法上的不公平时，难免会减少甚至是取消进一步的经济活动，这将会严重阻碍地区之间的经

济一体化进程。地方司法保护形成的贸易壁垒会导致各地方之间难以形成统一的区域市场，无法充分发挥各自的比较优势，甚至各地方之间有可能形成相同的产业结构并最终导致产能过剩，进而损害国家整体发展。

二、当前我国的地方司法保护问题不容忽视

（一）当前我国存在不同程度的地方司法保护现象

目前一些地方还存在地方干预司法的问题，特别是在一些跨地区的案件中，还存在地方政府干预法院审判的情况，甚至有部门和个人对法院审理的具体案件作指导、批示，干预法院独立公正审判。例如新华网就曾报道，与一些大型上市公司曾发生诉讼争议的企业负责人表示，在对方所在地的法院“打官司难度很大”①。

有学者利用知识产权裁判文书对地方司法保护现象进行了考察，分析发现（见表 1），在被告与法院不同属一地的案件样本中，原告胜诉率为 94.6%，而在被告与法院同属一地的样本中，原告胜诉的概率降低到 87%。进一步考察法院判定赔偿金额占原告诉请赔偿金额的比例，数据显示，在“当地原告—外地被告”的案件样本中，原告获得赔偿金额占诉请赔偿金额的比例平均为 38.16%，而“外地原告—本地被告”的案件中，这一比例降为 28.32%。这说明，在赔偿金额判决上法院倾向于支持本地一方，地方司法保护具有一定的隐蔽性。

① 破除资本市场地方保护“隐性壁垒”，新华每日电讯，2019-8-10，http://www.xinhuanet.com//mrdx/2019-08/10/c_138298418.htm.

表1　　地方司法保护倾向示例[①]

			被告与法院的关系		总计
			当地	外地	
判决结果	被告胜	计数	378	5	383
		占比	13.0%	5.4%	12.7%
	原告胜	计数	2534	87	2621
		占比	87.0%	94.6%	87.3%
总计		计数	2912	92	3004

在不同地区，地方司法保护现象不同程度地存在。由于缺乏对地方司法保护程度的直接度量指标，我们以行政诉讼案件情况予以侧面度量，基本可以认为，行政诉讼案件发生次数越多的地区，对于行政权力的制约越严格，从而行政对于司法的干预越少，地方司法保护的程度越轻微。司法部统计数据显示（见表2），2017年，广东省的行政应诉案件数量位居全国首位，达到了16961次，比行政应诉案件最少的9个省（区、市）的案件总和还要多。

表2　　2017年各省区市行政应诉案件情况

省区市	数量（次）	省区市	数量（次）	省区市	数量（次）	省区市	数量（次）
广东	16961	辽宁	7651	广西	4889	内蒙古	2135
河南	14863	安徽	7088	海南	3908	甘肃	1890
江苏	13100	湖南	6942	江西	3593	吉林	1883
山东	12381	重庆	6276	陕西	3264	新疆	1602
浙江	10037	福建	6245	天津	3145	宁夏	1590
贵州	9358	上海	5824	山西	2983	青海	500
北京	8676	湖北	5592	黑龙江	2493	西藏	23
四川	8429	河北	5406	云南	2369	合计	181096

资料来源：司法部政府网《2017年全国行政复议和行政应诉案件统计数据》。

① 数据来源：徐剑.网络版权侵权诉讼中的地方司法保护实证分析[J].现代传播，2017（1）.

（二）中央高度重视破解地方司法保护问题

中央高度重视破解地方司法保护问题，着力推动司法去地方化和去行政化。2013 年，党的十八届三中全会审议通过的《中共中央关于全面深化改革若干重大问题的决定》，提出要“推动省以下地方法院、检察院人财物统一管理，探索建立与行政区划适当分离的司法管辖制度”“完善主审法院、合议庭办案责任制，让审理者裁判、由裁判者负责”。2014 年，党的十八届四中全会审议通过《中共中央关于全面推进依法治国若干重大问题的决定》，提出要优化司法职权配置，推动实行审判权和执行权相分离的体制改革试点，最高人民法院设立巡回法庭，探索设立跨行政区划的人民法院和人民检察院，探索建立检察机关提起公益诉讼制度。

针对诉讼“主客场”等问题，2014 年 12 月，中央全面深化改革领导小组第七次会议审议通过了《最高人民法院设立巡回法庭试点方案》和《设立跨行政区划人民法院、人民检察院试点方案》。随后，国家推出首批跨行政区划人民法院改革试点，先后挂牌成立了上海市第三中级人民法院、北京市第四中级人民法院。其中，上海市第三中级人民法院在上海铁路运输中级法院的基础上加挂牌子设立，经最高人民法院批准，上海市高级人民法院指定，依法管辖行政诉讼、走私、食品药品、环境资源、企业破产等案件。北京市第四中级人民法院依托北京铁路运输中级法院成立，主要管辖涉外及涉港澳台商事案件、地区的重大环境资源保护案件、重大食品药品安全一审案件等。[①] 上海市第三中级人民法院、北京市第四中级人民法院的成立，标志着设

---

① 北京市高级人民法院关于北京市第四中级人民法院案件管辖的规定，http://bjgy.chinacourt.gov.cn/article/detail/2014/12/id/1526299.shtml.

立跨行政区划法院迈出了关键性一步，对于优化司法审判资源，方便群众参与诉讼，保障法院依法独立公正行使审判权，探索符合跨行政区划法院工作规律的审判运行机制和人员管理模式，具有重要的意义和作用。

为依法及时公正审理跨行政区域重大行政和民商事等案件，推动审判工作重心下移、就地解决纠纷、方便当事人诉讼，最高人民法院设立巡回法庭，受理巡回区内相关案件。[①] 巡回法庭的判决效力等同于最高法院的判决，均为终审判决。2015 年 1 月，最高人民法院设立第一巡回法庭，负责巡回审理湖南、广东、广西、海南等地的重大行政和民商事案件。截至目前，最高人民法院在全国共设立了六个巡回法庭（见表 3）。巡回法庭的设立，可以有效防止和克服司法领域的地方保护干扰，保证案件审判更加公平公正，维护司法公正。

表3　　最高人民法院的六个巡回法庭

	成立时间	巡回区域	成立位置
第一巡回法庭	2015年1月28日	湖南、广东、广西、海南	深圳市
第二巡回法庭	2015年1月31日	辽宁、吉林、黑龙江	沈阳市
第三巡回法庭	2016年12月28日	江苏、上海、浙江、福建、江西	南京市
第四巡回法庭	2016年12月28日	河南、山西、湖北、安徽	郑州市
第五巡回法庭	2016年12月29日	重庆、四川、贵州、云南、西藏	重庆市
第六巡回法庭	2016年12月29日	陕西、甘肃、青海、宁夏、新疆	西安市

注：北京、天津、河北、山东、内蒙古等五省区市有关案件由最高人民法院本部直接受理。

为了有效防止领导干部干预司法活动，2015 年 3 月，中共中央办公厅、国务院办公厅印发《领导干部干预司法活动、插手具体案件处理的记录、通报和责任追究规定》，旨在确保司法机关依法独立公正

① 2015年1月5日，最高人民法院审判委员会第1640次会议通过《最高人民法院关于巡回法庭审理案件若干问题的规定》，就最高人民法院巡回法庭审理案件等问题进行了规定。

行使职权。为防止司法机关内部人员干预办案，确保公正廉洁司法，中央政法委印发《司法机关内部人员过问案件的记录和责任追究规定》。

为深化依法治国实践，2017 年党的十九大对深化司法体制综合配套改革、全面落实司法责任制作出重要战略部署，并强调“任何组织和个人都不得有超越宪法法律的特权，绝不允许以言代法、以权压法、逐利违法、徇私枉法”。最高人民法院制定《关于深化人民法院司法体制综合配套改革的意见》，并将之作为《人民法院第五个五年改革纲要（2019—2023）》（以下简称《纲要》）进行贯彻实施。《纲要》明确要求深化与行政区划适当分离的司法管辖制度改革，科学界定人民法院跨行政区划管辖案件的范围和标准，推动形成有利于打破诉讼“主客场”现象的新型诉讼格局。

2019 年 6 月 20 日，最高人民法院发布《最高人民法院关于为设立科创板并试点注册制改革提供司法保障的若干意见》，其中明确指出，“科创板上市企业的证券发行纠纷、证券上市合同纠纷、证券欺诈责任纠纷等一审民商事案件由上海金融法院[①]试点集中管辖。”

三、地方司法保护的形成原因相当复杂

习近平总书记在党的十八届三中全会上强调：这些年来，群众对司法不公的意见比较集中，司法公信力不足很大程度上与司法体制和工作机制不合理有关。[②]地方司法保护不是外在的、偶然的社会现象，

---

① 2018年3月28日，中央全面深化改革委员会第一次会议审议通过了《关于设立上海金融法院的方案》，决定设立上海金融法院。设立上海金融法院，目的在于完善金融审判体系，营造良好的金融法治环境。对金融案件实行集中管辖，推进金融审判体制机制改革，有助于提高金融审判专业化水平，建立公正、高效、权威的金融审判体系。

② 《关于〈中共中央关于全面深化改革若干重大问题的决定〉的说明》。

而是有着复杂、深刻的原因，尤其是在司法体制与工作机制方面存在着问题。

一是双重委托代理关系对地方法院的独立性形成挑战。我国现有3500多个地方人民法院，其设置基本与行政区划相对应。最高人民法院原院长肖扬①曾指出，中国司法制度存在三大问题，其一就是司法权力地方化，即人民法院的产生、法官任免、司法经费等都在同级政府的控制之下，从而导致了地方司法保护问题的滋生。在我国法院体系的设计和职能安排中，法院存在双重委托代理关系：下级地方法院是上级地方法院的代理方，同时所有地方法院是最高人民法院的代理方，形成纵向委托代理关系；地方人民法院由同级人民代表大会产生并对其负责，从而形成一种横向委托代理关系。分税制改革后，地方政府实际控制本地企业税收或土地出让所得，而地方司法机关在办案经费、办公条件以及装备等方面依赖于地方政府。此外，在干部管理体制上，司法机关工作人员的任免权在同级人大及其常委会。由于地方对法院经费以及人员起决定作用，地方法院双重委托代理关系的存在对其独立性形成了挑战。

二是地方政府存在偏袒本地企业的动机，并进一步影响司法领域。自改革开放以来，我国以经济建设为中心，对于地方官员考核和晋升的标准随之转变为以经济绩效为主，尤其是本地区的GDP增长以及税收收入成为中央考核地方官员的重要指标。与此同时，随着放权让利的行政管理体制改革和“分灶吃饭”“分税制”的财政体制改革，地方不仅拥有了较大的资源配置权，而且有着相对独立的经济利益。不同地区之间关于经济利益的竞争和博弈，导致地方竭尽所能地招商

① 肖扬. 法院、法官与司法改革[J]. 法学家，2003（1）.

引资，吸引大型企业来本地区投资。在司法机关的人财物仍受制于地方的情况下，经济领域的地方保护必然会在司法领域有相应的表现。

三是“原告就被告”的诉讼管辖安排为地方司法保护提供了条件。根据《民事诉讼法》第 21 条对一般地域管辖的规定：“对公民提起的民事诉讼，由被告住所地人民法院管辖；被告住所地与经常居住地不一致的，由经常居住地人民法院管辖。对法人或者其他组织提起的民事诉讼，由被告住所地人民法院管辖。同一诉讼的几个被告住所地、经常居住地在两个以上人民法院辖区的，各该人民法院都有管辖权。”其他诸如合同纠纷、侵权纠纷等也多由被告住所地人民法院管辖。[①]民事诉讼案件一般遵循“原告就被告”的原则，这也是为了节省司法成本而普遍采用的国际惯例之一。但是，当案件由被诉企业所在地的法院管辖时，如果个别地方存在干预，那么本地被诉企业胜诉的概率将可能增加。

四、促进区域一体化发展需要消除地方司法保护

消除地方司法保护这一隐性壁垒，能够有力改善地区营商环境，降低企业经营风险，促进要素、商品跨区域自由流动，进而加快区域经济一体化进程。消除地方司法保护现象，关键在于要深入落实中国共产党关于深化司法体制改革的决策部署，减少地方行政部门对于司法判决的干预，降低司法地方化行政化程度，提高司法部门的独立性。

第一，深化司法体制综合配套改革。要进一步改革司法机关人财物管理体制，探索复制推广法院司法行政事务管理权和审判权相分离

① 《中华人民共和国民事诉讼法》第23条规定：“因合同纠纷提起的诉讼，由被告住所地人民法院和合同履行地人民法院管辖。”第28条规定：“因侵权行为提起的诉讼，由被告住所地或者侵权行为地人民法院管辖。”

的体制改革试点所取得的经验做法。在全国范围内增加跨行政区划人民法院改革试点，重点破除设立跨省（区、市）的人民法院或在省、自治区内设立跨行政区划人民法院的法律制度障碍，重点破解改革试点中面临的机制建设、管理保障等问题。改革审判委员会工作机制，落实审判责任制，让审理者裁判、由裁判者负责。加强司法监督工作，明确司法机关各层级权限，健全内部监督制约机制，加强当事人对司法权的监督和制约，完善检察监督机制和人民监督员制度。

第二，加强法官队伍建设。加强司法人员的思想建设，坚持把思想政治建设摆在首位，把为民司法作为根本出发点和落脚点，把人民满意作为检验工作成效的最高标准，千方百计地维护和保障人民群众的根本利益。加强司法队伍能力建设，提高法官职业素养和专业水平，完善法律职业准入制度和法官职业保障体系建设，建立科学的法官评价体系，推动司法供给侧改革，提供更多优质高效的司法服务和司法产品。加强法官管理体系建设，落实法官员额制改革，全面推进人员分类管理，完善法官晋升机制，推进法官队伍向正规化、专业化、职业化方向发展。

第三，坚决禁止领导干部干扰司法公正。严禁领导干部干预司法活动、插手具体案件，健全领导干部、司法机关内部人员过问具体案件处理的记录、通报制度，做到全程留痕，有据可查，要对存在违法违规的行为进行责任追究。加强对法官和检察官的保护力度，如对具体办案人员进行打击报复的，要予以严肃处理。

执笔人：刘小鸽

专题报告七

地方政府行为与区域一体化发展

众多研究已指出，“地区竞争模式”对改革开放以来我国经济社会的快速发展具有重要意义。然而，我国各个地区之间展开激烈竞争而形成的发展模式，在激发整体经济活力的同时，也造成了区域之间重复建设、不良竞争、地方保护等顽疾，由此我国会被认为在区域经济一体化方面表现欠佳，在区域协调发展方面存在不足。[①] 所谓“区域经济一体化”，是指在一定区域范围内实现商品市场统一，资本、劳动力、技术等各类生产要素自由流动，产业分工合理、优势互补，基本公共服务均等化。

通常而言，不同发展模式下有不同的政府行为，而不同的政府行为又会带来区域经济一体化的不同表现。考虑到我国各级政府在经济发展中的主导作用，政府行为对区域经济一体化的影响是极其重要的，为了更有效地推进区域经济一体化，对于各级政府行为进行更为深入的分析是十分必要的。与此同时，不同层级政府如何行为，也是与一

① 参见《中共中央、国务院关于建立更加有效的区域协调发展新机制的意见》，新华社，2018年11月18日。

系列的制度安排密不可分的。例如，关于官员晋升的考核制度，在很大程度上影响着官员的行为，也相应地决定了地方政府的行为模式。[①]因此，要对政府行为进行分析，关键是要分析其背后的制度因素。

在这些制度安排中，影响不同层级政府行为最为重要的是中央和地方关系，这不仅包括上面所说的官员晋升等人事管理制度，也包括各级政府在不同事项上财权和事权的划分[②]，还包括财政、金融、交通、水利、教育、医疗等一系列具体事项上的制度安排。

从目前来看，一方面，我国整体经济正在发生着根本性的变化，经济增速逐步下降，京津冀协同发展、长江经济带发展、粤港澳大湾区建设等重大区域发展战略推动着我国区域经济一体化不断迈进；各地区在高质量发展上多有探索，在推进区域经济一体化方面取得了许多积极进展。另一方面，决定各级政府行为的总体逻辑还依然发挥作用，上述中央与地方关系等深层次的制度安排还需进一步优化，不同层级政府的责权关系调整还不到位，各级政府行为还有着很强的制度惯性，由此也影响到现阶段我国区域经济一体化的表现尚难如人意。

本文的目的是分析如何改善地方政府行为以促进我国的区域经济一体化。首先，讨论我国现有地区竞争模式下地方政府行为的特点，探讨地区竞争模式如何影响区域经济一体化；其次，分析地方政府行为背后的制度因素，重点围绕中央和地方关系展开讨论，核心是不同层级政府的责权划分如何塑造政府行为，以及对区域经济一体化的影响；最后，根据上述发展模式、政府行为、制度因素的讨论，提出如何加快制度变革、调整发展模式以促进我国区域经济一体化的政策建议。[③]

---

① 参见周黎安. 我国地方官员的晋升锦标赛模式研究[J]. 经济研究，2007（7）：36–50.

② 参见《关于推进中央与地方财政事权和支出责任划分改革的指导意见》（国发〔2016〕49号）。

③ 参见刘志彪. 长三角区域市场一体化与治理机制创新[J]. 学术月刊，2019（10）.

一、地区竞争模式下的地方政府行为与区域一体化发展

（一）已有的地区竞争模式是经济社会快速发展的重要推动力

对改革开放以来我国经济社会发展为什么能够获得巨大成功，已经有众多的讨论，而我国各个地区之间展开激烈的竞争，由此带来整体经济的活力，被众多研究者认为是其中的重要原因之一。例如张五常（2004）认为地区竞争是我国过去高速发展的真正源泉；钱颖一等（1995，1997）提出中央与地方形成“财政联邦主义”式的制度安排，对我国经济发展具有重要作用；周黎安（2007）更为强调地区竞争下的政绩考核制度形成所谓的“锦标赛”模式，能有效调动地方官员发展经济的积极性。许成钢（2011）则认为地区竞争模式对于我国的制度创新和演进有重要意义。[①]

尽管对于改革开放以来的地方政府行为及其“地区竞争”模式的功过得失，仍存在着不少的争议，然而，过去几十年我国经济社会发生的巨大变化，在很大程度上归因于地方政府之间的激烈竞争，这已经成为共识。

（二）地区竞争模式的形成是一系列制度安排下的产物

已有中央地方关系和地方政府激励机制的核心内容是通过一系列的制度安排，使地方成为相对独立的利益主体，从而有效调动起地方

---

① 参见张五常：《我国的经济制度》，中信出版社2004年版；Gabriella，M.，Qian，Y.，（钱颖一）and Weingast，B.R.（1995）“Federalism，Chinese Style：The Political Basis for Economics Success in China”，World Politics，48（1），pp.50 ~ 81；Qian，Y.，and Weingast，B.R.（1997）“Federalism as a Commitment to Preserving Market Incentives”，Journal of Economic Perspectives 11（4），pp. 83 ~ 92；周黎安. 我国地方官员的晋升锦标赛模式研究[J]. 经济研究，2007（7）：36 ~ 50；Xu，Chenggang（许成钢）（2011）“The Fundamental Institutions of China’s Reforms and Development”，Journal of Economic Literature，Vol. 49-4，pp.1076 ~ 1151.

发展的积极性，使每个地方都争做经济增长的“排头兵”。以分税制为代表的财政、税收、土地、投资、外贸、金融、公共服务、政绩考核等领域一系列制度安排，尤其是中央与地方在其中的责权利划分，既是目前中央地方关系和地方激励机制的重要内容，也是地区竞争模式形成的制度基础。

在地区竞争模式下，一些地方政府通过招商引资、园区建设、城市扩张等方式，采用“大产业、大项目、大投资”等手段，推动产业迅速壮大、城市飞速变化、实力快速增强，使地方的经济社会获得迅猛发展，城市面貌日新月异，居民收入水平大幅提高。

（三）地区竞争模式也造成区域不良竞争等问题，阻碍区域一体化发展的有效推进

在现有地方激励机制下，形成“行政区经济”模式，地方更容易产生“以邻为壑”的心态和“同质竞争”，甚至“不良竞争”的行为。由此导致不同地区存在一定程度的“产业同构”“重复建设”“产能过剩”的问题，出现“地方保护”“行政壁垒”“市场分割”等现象，影响产品和要素的自由流动，甚至对在更大范围内优化资源配置、提高要素生产率和推进区域协调发展构成障碍，影响区域经济一体化进程。

（四）地区竞争模式亟待转型，促进经济一体化成为我国区域发展的关键

已有中央地方关系和所形成的地方政府激励机制，既有成功的一面，也带来了一些问题。总体来看，过去的中央地方关系安排以及由此所形成的地区竞争模式，对改革开放以来我国经济社会的高速发展起到了重要的推动作用。然而，随着我国经济社会的发展进入了新的

阶段，目前中央地方关系和所形成的地区竞争模式，已经越来越难以适应形势的变化，迫切要求调整完善。

地区竞争模式下政府主导经济发展的方式和手段的使用空间日益逼仄，亟待实现转型发展。在过去高速增长的追赶阶段，如上所述地方政府所采用的“招商引资、园区建设、城市扩张”等方式和“大产业、大项目、大投资”等手段还可以说是有充分运用的空间和有效显现作用的余地。我国经济进入新阶段后，经济潜在增长率下降，工业化进入中后期，第三产业成为主导，城镇化步伐明显放缓，环境污染较重、生态保护刻不容缓，创新转型成为大多数地区的主要任务。在这种形势下，地方政府已经难以再依靠传统的方式和手段推动本地经济快速增长。如果还采用过去的方式和手段，不仅事倍功半，甚至将带来“产能过剩”“地方债务危机”“房产泡沫”“环境污染加剧”等一系列难以承受的后果。

我国的区域发展模式应更多从“个别”转向“整体”、从“区域内”转向“区域间”、从“差异化”转向“一体化”，更注重如何破除要素在不同区域流动的不合理限制，尽量降低要素在市场范围内优化配置的区域壁垒和流动成本，推动不同区域间的经济一体化。

二、塑造地方政府行为的制度因素分析

推进我国区域经济一体化，必须对已有的地方政府行为及其地区竞争模式加以调整和完善。而地区竞争模式是中央地方关系等一系列制度安排下的产物，因此要调整地区竞争模式、加强区域经济一体化，就需要对塑造地方政府行为的制度因素进行分析。

（一）我国各级政府关系的制度安排

第一，我国在中央统一领导下主要采取“中央政府决策、地方政府执行”的模式。它具有重要的特点：一是大政方针由中央决定；二是方针政策由地方落实。这可以从财政支出占比和公务员占比的国际比较中看出。在我国，中央本级支出和中央政府公务员所占的比例都远远低于其他国家的平均水平。我国中央本级支出只占全国财政支出的 14.6%，而英国、美国和法国均高于 50%，经济合作与发展组织国家平均为 46%；中央政府公务员仅占公务员总数的 6%，而世界平均水平在 1/3 左右。[①] 可见，在中国绝大多数事务是层层委托给基层政府来执行，即使是一些有全国性影响的事务，也都有地方的参与和实施。[②]

第二，中央拥有大政方针决定上的权威、地方具有执行上的自由裁量权。在现有“中央决策、地方执行”的模式下，随着经济社会运行复杂性的提升，中央决策管辖事务的范围也大为扩展。由此，一方面中央决策权威需要进一步加强；另一方面地方政府自由裁量权也在扩大。在政策的具体执行过程中，主要是依靠地方来加以实施，任何政策的实际效果都在很大程度上依靠地方政府尤其是基层政府在执行中的努力和配合。在当前政府承担事务的覆盖面不断扩大和日益复杂的情况下，地方所具有的自由裁量权也不可避免地有所增加。

第三，各级政府形成“部门同构、事权共担”的格局。在“中央决策、地方执行”的模式下，中央决策大多是由中央的各职能部门做出的，与此同时又通过各级政府层层下达和贯彻执行。所以为了保证中央决策能够贯彻到位，不同层级政府的部门设置往往是相一致的，

---

① 参见楼继伟：《推进各级政府事权规范化、法律化》，引自《〈中共中央关于全面推进依法治国若干重大问题的决定〉辅导读本》，人民出版社，2014。

② 例如一般认为专属中央的国防事务中，一些边境地区国防道路的修建，也需要地方的资金、人力等配套，或者全国性生态资源空间的保护管理，也主要由地方来具体实施。

形成“上下一般粗”的格局。即使是较为基层的政府，也是“麻雀虽小、五脏俱全”，其职能部门的设置也要与上级政府大体保持一致。在现有中央地方关系下，基层政府的部门承担着具体执行的任务，上级政府各个不同职能部门的决策最终是要通过基层部门来加以落实，“上面千条线，底下一根针”，不同的上级职能部门都需要在基层政府有各自相应的执行部门来具体落实决策。

与此同时，“中央决策、地方执行”模式下各级政府都在同一项事务上共同行使事权。由于各级政府是“事权共担”的，比较容易形成各级政府责权不对等的局面。各级政府“事权共担”也比较容易形成“责任模糊”的后果。

（二）现有制度安排下的区域一体化发展所面临的困难

在我国现有“中央决策、地方执行”的模式下，推进区域之间的经济一体化面临着一些根本的困难：一是缺乏中央部门的参与，不同地方之间难以形成有效的政策协同。由于理论上各级地方政府都只是中央部门政策的具体执行单位，各级地方政府自主决策权有限，它们相互之间进行政策协同存在困难。可以看到，我国许多区域之间的政策协同，例如一些区域合作的行政协议，有些只是具有宣示和象征意义，难有真正的政策效果。二是地方政府在政策具体实施上有较大的自由裁量权，在地区竞争模式下出于各自利益的推动，比较容易产生“以邻为壑”的行为。在“中央决策、地方执行”的模式下，中央部门很少参与政策的具体实施，地方政府在行政区经济体制下，难免会有一些不当竞争的行为。

三、政策建议

要推进我国区域之间的经济一体化，必须调整现有地方政府行为，对各级政府间关系加以完善，其中的核心是要合理界定政府与市场、不同层级政府之间的责权利关系。

第一，合理界定地方政府参与市场活动、干预市场的权力边界，按照影响范围原则划分不同层级政府的责权利关系。

地方各级政府行为应该主要局限于对市场的公共利益调节。要按照影响范围原则来划分各级政府的责权利关系，既能有效保障地方政府的自主权限，又能促进中央政府的约束能力。这一直以来是推进中央地方关系改革的重要方向，符合事权划分的理论要求，也是国际上许多国家的成功参照经验。要推进按照影响范围原则来划分不同层级政府责权利关系的改革，需要对“中央决策、地方执行”模式和“部门同构、事权共担”体制加以调整。此一改革影响重大，是对现有中央地方关系的根本性变革，涉及各个领域、方方面面的权责调整。以往改革往往将其局限在财政领域内来看待问题，事实上要想仅在财政范围内开展上述根本性的改革，是不可能的。所以，要想真正实现按照影响范围原则划分中央地方的责权利关系，必须站在更高的层面，具有更大的动力和决心来推进相关的配套改革。

第二，将提高事权划分的规范化和法治化水平作为突破口。

按照影响范围原则厘清中央和地方关系的责权利边界，是对“中央决策、地方执行”模式和“部门同构、事权共担”体制的重大调整，涉及的事务方方面面、千头万绪，而改革突破口的选择至关重要。从目前来看，虽然对于在不同领域中央和地方各自到底应该管多少、具体权责如何分配，以及中央部门如何向地方下放权力、怎样下放权力等一系列问题都存在巨大的争议和分歧，在现实中的推进也遭遇不少的困难，但对于提高中央和地方关系的规范化和法治化程度、贯彻“依法治国”的理念，还是具有广泛的共识。① 应该将提高规范化和法治化水平作为目前中央地方关系改革工作、推进区域经济一体化的突破口：一是提高中央和地方责权利划分的法治化水平，目前中央和地方的责权利划分，主要通过行政方式进行，存在大量的模糊和不确定性，因此要尽可能地用法律条文将其明确化、清晰化；二是提高中央和地方解决分歧的法治化水平，应该建立公开化、程序化的渠道来解决不同层级政府之间的纠纷，增强司法调节在其中的作用。

第三，完善对地方政府官员的绩效考核评价体系，充分发挥人大政协的作用。

对于地方政府官员的绩效考评体系是政府官员行为的“指挥棒”，要改变地方政府官员行为，有效推进区域经济一体化，就需要有合理的绩效考评制度。要把实现区域一体化发展而不仅仅是生产总值、财政收入等作为区域内官员的主要业绩，以此扭转其行为准则和外在压力机制。

要进一步发挥各级地方人大的作用，促进区域之间的法制统一是推进区域经济一体化的重要内容。通过构建区域内统一的法治体系，保障区域间发展政策的一贯性和连续性，有效约束地方政府从本地出发的各行其是行为；促进实现市场秩序规则的融通，满足区域间稳定、有序、公平的竞争环境以及和谐的区域经济协作的要求。

---

① 参见熊文钊：《大国地方：中央与地方关系法治化研究》，中国政法大学出版社2012年版；（美）斯通，张千帆等：《中央与地方关系的法治化》，译林出版社2009年版；封丽霞：《中央与地方立法关系法治化研究》，北京大学出版社2008年版。

第四，加强立法和司法，发展第三方合作机构，促进区域一体化发展。

在原有中央地方关系格局下，存在司法属地化的现象，由此导致“司法不一致”的情况，从而阻碍了区域经济一体化。为此，要加强司法的独立性。首先是法官判案的独立性，推进审批独立和审批公开。应该加快法院的去行政化，“建立符合职业特点的司法人员管理制度”“完善司法人员分类管理制度”。其次是法院相对于地方的独立性。目前中央已经明确提出“推动省以下地方法院、检察院人财物统一管理，探索建立与行政区划适当分离的司法管辖制度”，但光在省级层面加强法院的独立性还不够。对于跨省、跨地区的案件，应该明确由最高法院设立巡回法庭和上诉法院来审理。

此外，要通过各地政府协商方式，根据一些具体的一体化发展协议，让渡某些公共权力给相应的区域一体化机构，把竞争转化为合作。

执笔人：宣晓伟

参考文献

[1] 《中共中央、国务院关于建立更加有效的区域协调发展新机制的意见》，2018年11月18日，新华社

[2] 《关于推进中央与地方财政事权和支出责任划分改革的指导意见》（国发〔2016〕49号）

[3] 刘志彪. 长三角区域市场一体化与治理机制创新. 学术月刊，2019（10）

[4] 周黎安. 我国地方官员的晋升锦标赛模式研究. 经济研究，2007（7）

[5] 张五常. 我国的经济制度. 北京：中信出版社，2004

[6] 陈光. 区域立法协调机制的理论建构. 北京：人民出版社，2004

[7] 京津冀协同发展领导小组办公室. 京津冀协同发展三年初见成效，2017年3月

[8] 谷海洪. 由“第三部门”主导的区域规划的成功范例——纽约大都市区规划. 国际城市规划，2007（5）

[9] 刘海波. 中央与地方关系的法治化研究. 博士后研究工作报告，中国社会科学院法学研究所，2007

[10] 奥斯特罗姆. 复合共和制的政治理论. 上海：上海三联书店，1999

[11] 铁燕. 我国环境管理体制改革研究. 武汉大学博士学位论文，2010

[12] 张千帆. 西方宪政体系（上册）. 北京：中国政法大学出版社，2000

[13] 熊文钊. 大国地方——中央与地方法治化研究. 北京：中国政法大学出版社，2012

[14] 张千帆等. 中央与地方关系的法治化. 江苏：译林出版社，2009

[15] 封丽霞. 中央与地方立法关系法治化研究. 北京：北京大学出版社，2008

[16] 西尾胜. 日本地方分权改革. 北京：社会科学文献出版社，2013

[17] 王旭. 论司法权的中央化. 战略与管理，2001（5）

[18] 车海刚. 探索构建适合国情的央地争端解决机制——实现中央和地方关系法治化的一个思路. 中国发展观察，2014（1）

[19] 凌斌等. 推动京津冀协同发展立法问题研究. 北京大学法学院，2015年12月

专题报告八

区域一体化发展的国际经验与启示

各国区域经济一体化政策经验可以总结为：重视区域规划、区域政策和法规体系，确保区域经济一体化的实现；建立跨区域经济一体化协调治理的体制机制；正确处理市场与政府在区域经济一体化发展中合理分工与协作关系；充分运用税收、财政和政策性金融手段，主要在推进区域经济一体化的基础设施和公共服务建设、产业协作和科技创新共享平台建设方面，发挥政府的必要作用；充分发挥政府在处理和解决影响区域经济一体化发展中，面临的一系列障碍和困难，如大城市病、地方保护等。最后，提出了对我国的启示：如制定区域发展规划，推动相关法律建设，建立跨行政区治理模式，大力发展互联互通的交通基础设施和重点发展城市群等。

区域经济一体化是区域协调发展的必然要求，与区域分工协作一起构成一个事物密不可分的正反两个方面。区域分工协作目的在于充分发挥各地区比较优势，形成优势互补的高质量发展的区域经济布局，而区域经济一体化则为区域分工协作带来更高水平经济效益的实现，提供不可或缺的互联互通的交通网络硬件条件和自由买卖的统一空间市场软件条件。世界各国区域经济都经历了从交通孤立到互联互通，从市场分割到贸易统一的一体化过程，这是历史上区域经济发展的客观规律之一。

纵观世界各国发展历程，区域发展不平衡是一个普遍现象，国土空间作为不可移动的生产要素，加上交通运输硬件条件和贸易政策软件条件的不同程度的限制，都严重地制约着产品和服务，以及人力、资金、技术和可移动自然资源等生产要素在区域空间上的合理流动和有效配置，从而影响着区域经济整体布局效率的实现和发挥。为促进区域经济一体化，更好地满足区域经济分工协作的客观要求，世界各国都根据各自不同的国情、地理环境条件和历史发展背景，经过长期的探索和实践，逐步形成符合自身发展条件的、各具特色的且行之有效的区域经济一体化道路和政策体系。他山之石，可以攻玉，在这里有必要认真总结其他国家的成功经验，为我国区域经济一体化战略的制定和实施提供宝贵的借鉴，以充分发挥后发优势，少走弯路。

一、典型国家区域一体化发展的道路和政策

（一）美国——注重反垄断法律和州际贸易法案的应用

美国区域经济一体化的进程经过近百年的发展，实施了“西部开发”和“振兴南部”战略，先后构建了全国性的运河和河流运输体系、闻名世界的铁路交通运输体系、世界最早的州际高速公路体系和目前世界最先进的航空运输体系。为充分发挥全美交通运输一体化应有的巨大作用，美国还相应地制定了确保全美产品服务和生产要素自由贸易与流通的反垄断法律和州际贸易法，成为构建全国性统一市场一体化体系的重要基础和政策，这也是美国经济称霸全球的重要原因之一。

美国最新的国土空间规划战略《美国2050》提出，到2050年美

国境内将形成十大都市圈集群，作为美国区域协调发展的主要载体。[①]美国区域经济一体化的政策以大都市区为主要载体，重点在于推动州际高速公路建设以实现“交通一体化”，完善执行反垄断法和州际贸易条款以深化“市场一体化”，在交通与市场一体化的基础条件下，注重支撑竞争力创新和产业战略，从而实现美国当下“巩固美国十大或者更多都市圈集群的整体实力，为广大内陆和经济衰退地区开拓经济发展新前景”的区域发展目标。

（二）德国——注重区域均衡开发规划和政策的应用

在德国区域经济一体化发展中，尤其是在东西德统一后，区域均衡开发规划和政策发挥了关键的作用。德国区域均衡和一体化发展最具特色的区域政策是主要由事权划分和分税制为基础而构成的财政平衡机制，这种财政平衡机制通过在德国各级政府间实现财政转移支付以促进区域的财力平衡。德国财政平衡机制以《基本法》中“均衡联邦德国不同地区的经济发展水平”和“保证联邦德国不同地区居民生活水平一致”为总体目标，具体操作则以《财政平衡法》为依据，主要包括横向和纵向财政平衡两个方面。[②]

财政的纵向平衡，即上下级政府间的财政转移支付，包括联邦对州、州对乡镇地方政府两个层次：第一层次，包括调整共享税中销售税收入的分配比例，实施返还性的转移制度，对贫困州根据其需要提供补助金，按照《投资资助法》帮助有经济发展需要的州进行投资，设立“德国统一基金”，西部地区捐款作为基金的融资，联邦政府偿还东部地区的债务等；第二层次，主要是州对乡镇地方政府通过一般性

① Liu H, Fan J, Yang L I. “America 2050” Strategic Spatial Planning and its Inspiration to China[J]. Geographical Research, 2013, 32 (1): 90–98.

② 马颖. 德国的财政平衡与区域经济均衡发展[J]. 经济评论，1996（06）：22–28.

分配金和特殊分配金实施的财政转移支付。其中，一般性分配金通常不规定用途，地方可以基于各自区域经济发展的重点进行自由支配；而特殊分配金在使用前，州政府会明确指定其使用领域，主要包括道路和交通、水资源和环境保护、医院和学校、养老和社会救济等方面。①

德国的财政平衡机制中的横向平衡，即财政资金在同级别的州政府之间的转移支付，具体做法包括将对财政实力较强即赋税较多的区域所征收的税收收入，作为支持财政实力较弱区域发展的直接资金来源。②对经济实力较差地区建立的贸易、工业及其他行业的个体经济实行税收优惠并降低这些地区公共事业的收费标准和招标价格；通过投资补贴、投资津贴以及“欧洲复兴计划特别基金”的低息贷款等鼓励私人投资；在出售土地时实行价格优惠或分期付款等非货币形式以促进开发。

（三）英国——注重各区域间就业均衡目标的实现

英国作为区域经济政策的发源地，是实施区域经济一体化发展最早的国家，其区域政策和一体化发展的主线是以促进各地区就业均衡为中心开展的。二战以后，英国明确了“萧条地区的工业重建”的目标，制定了以“鼓励企业迁入经济萧条地区”为核心的区域一体化行动措施。“萧条地区”主要是指钢铁、煤炭、纺织等传统工业集中地，通过在老工业区重新进行产业升级，以创造就业机会，促进区域经济平衡。③

现今，英国的区域一体化的政策目标主要是为了促进经济发展较慢地区的自我发展和就业增长，实现均衡的地区工业布局，基于国防和战略目的促进工业分散化。④具体的政策则以财政手段为主、行政

---

①② 马颖. 德国的财政平衡与区域经济均衡发展[J]. 经济评论，1996（06）：22–28.

③ 袁朱. 英国、法国老工业区经济转型的主要对策及启示[J]. 经济研究参考，2004（32）：11–16.

④ Vigar G，Porter G. Regional Governance and Strategic Transport Policy：a Case Study of North East England[J]. European Spatial Research and Policy，2005.

手段为辅，形成了鼓励与限制相结合的政策体系。一方面，政府通过给予各类型补贴的财政手段，鼓励企业和更具经济效益的产业向失业率较高的英国北部和西北部转移；另一方面，政府采取区位控制的行政手段，明确限制企业在劳动力充足和经济发展基础较好的东南部和大伦敦地区的进一步发展。①

（四）日本——注重构建交通一体化格局

日本区域经济一体化发展非常重视交通等基础设施的建设，基础设施投资在日本政府财政支出中比重极高，达 40% ~ 50%。强大的交通网络延伸到国家的每个角落，为区域经济一体化发展提供了强大的硬件支撑。在区域产业政策方面，注重产业空间布局的投资效益以及不断调整发展具有适应性和生命力的产业。

以东京都市圈为例，其最为显著的特征是轨道交通的高度发展。东京都市圈历次都投入大量财政资金进行公共交通系统的规划。作为日本的经济中心，在政府的规划和建设下，东京都市圈高速铁路、公路交通等陆地交通、空中交通、海上交通都非常发达，取得了举世瞩目的成就。轨道交通的高度发展加强了城市间的联系，促进了东京都市圈的经济发展。②

（五）韩国——注重以城市群开发提高区域经济一体化整体实力，参与国际竞争

韩国区域经济一体化遵循了区域经济非均衡发展的客观规律，以城市群为依托，通过几轮非均衡和均衡发展周期，最终实现了区域

① 袁朱. 英国、法国老工业区经济转型的主要对策及启示[J]. 经济研究参考，2004（32）：11-16.
② 冈田知弘. 国际化时代的地域经济学[M]. 日本：有斐阁，1997.

一体化均衡目标。在非均衡发展时期，大力促进以大城市为依托、拥有大规模推进型工业部门的增长极，带动区域经济乃至全国经济的腾飞；在均衡发展时期，则大力促进落后地区中小城市的集聚发展；几轮的非均衡和均衡发展，有效地促进了区域经济的一体化，并在一定程度上缩小了区域差距。

近来，韩国《第 4 次国土综合计划（2000—2020）》进一步强化了以网络城市群为基础的广域都市圈（相当于我国的地级市）开发战略。至今，韩国已建立了 8 个广域都市圈，如西海岸都市圈开发，其宗旨在于对接环黄海经济圈的形成和发展，以及促进西南地区和中部地区长期落后地区的发展。

（六）印度——以消除贫困和扶持落后地区作为重要政策目标

印度区域经济政策和区域一体化的重点是消除贫困。印度政府通过重点扶持落后地区来消除贫困。政府采用多种指标来衡量一个地区是否属于落后地区，进而进行精准有效的扶持；成立了针对落后地区的咨询机构并为其制定发展规划，为落后地区的发展提供财政补贴和优惠措施，做好事后调查和监管，保证区域经济政策的实施和落实情况；中央和各邦采用一系列优惠支持政策鼓励私营部门对落后地区进行投资，为落后地区注入了活力。印度政府还深入贯彻了“绿色革命”，增加了农业的投入，提高了生产率。这一系列的区域经济政策有效地改善了印度区域发展不平衡的局面。[①]

① 郭庆然，丁翠翠. 印度区域创新体系建设的实践探索与经验借鉴[J]. 生产力研究，2011（3）：126-128.

二、各国区域一体化发展的经验

（一）重视区域规划在区域一体化发展进程中的作用

各国都在区域经济一体化进程的开端就制定了符合自身发展现状的详细的区域规划。德国的区域规划是与地区实情紧密联系的典型代表，适时与其社会市场经济体制相配合。美国的区域规划不仅对规划的目标和内容予以明确，还提出了实现过程中可能遇到的问题，以及这些问题可能的解决方法，同时清晰指出了各项规划内容实现过程中涉及的部门和团体以及各自的职责。日本先后制定实施了五个全国综合开发计划，新计划根据旧计划实施产生的问题制定，查漏补缺，保证新计划的完善和有效。

（二）具备完善的区域发展法律法规体系

美国国会在 1933 年通过了《田纳西河流域发展法》，并依法成立了田纳西河流域管理局，这是美国区域经济发展历史上的标志性事件。为了解决严重的地区困难并为西部地区的经济发展做出规划指导，美国政府还颁布了《地区再开发法》《人力发展与训练法案》《经济机会法案》和《联邦受援区和受援社区法》等多个法案，同时成立了地区再开发署来实施这些法案。德国相继颁布了《联邦基本法》《联邦空间布局法》和《联邦改善区域结构公共任务法》，这些法律应该同联邦各地区的发展和人民生活水平趋于一致。此外，最具德国特色的区域财政平衡机制的成功也依赖于《联邦财政平衡法》的颁布。日本政府颁布了《国土综合开发法》（1950）和《国土利用计划法》

（1974）等。[①] 韩国政府制定了《国土综合建设计划法》《地域均衡开发及地方中小企业育成法》和《民资诱致法》，以促进民间资本参与基础设施建设。

（三）形成跨区域的经济协调治理机制

英国中央政府对区域发展战略指导思想的确定有决定作用，而地方政府则负责具体推进和实施区域规划。[②] 德国的区域经济政策则是由联邦政府和州政府来共同制定和完成的，“改善区域经济结构”是联邦和州的共同任务。美国的跨区域治理则强调地方层面的主动性，由国家建立和维持框架条件（立法、执法等），但由地方进行非集权式的分散决策，在必要时通过促进计划参与地方的区域发展，联邦政府内设立了专门的协调机构“区域经济政策部际委员会”，从联邦到各地方政府也都设有专门的区域开发政策委员会，以保证区域经济政策更好地实施。日本行政制度的改革以及中央对地方权力的下放、地方政府间广域联合制度的建立，市町村合并基层行政区划的调整，都促进了区域向一体化发展的步伐。

（四）充分发挥市场机制作用与政府的引导作用

英国战后的区域发展政策的变化主要包含两种政策倾向，即市场干预主义和市场经济主义：前者强调对市场经济的不平衡及分配不均进行修正；后者则主张通过市场经济提高施政效率，其区域经济发展前期更多依靠政府干预，后期则更多依靠市场的自发调节。

---

① 刘焱，贺曲夫. 日本区域一体化发展中的改革与创新经验[J]. 特区经济，2009（10）：113-116.

② 曾令发，耿芸. 英国区域治理及其对我国区域合作的启示[J]. 国家行政学院学报，2013（1）：110-114.

德国的区域一体化进程中，政府的干预动机更强、范围更广、手段更多。联邦政府认为在尊重市场规律的前提下，自身有义务扶持地区发展，有责任从区域经济一体化的战略意义出发考虑国家整体宏观经济、社会发展和环境保护的协调统一。① 在德国区域经济发展过程中，政府通过财政、金融、产业政策对区域经济的宏观调控更为明显。

日本的区域经济一体化政策大多从全国角度出发，综合协调各地区的经济社会全面、和谐发展。政府主要通过对基础设施、公共事业的开发和投资来促进区域经济一体化的发展。在不同的经济发展阶段，日本政府采用不同的区域经济政策：在战后经济恢复期，政府将重点放在落后地区的开发和建设上，包括对交通、通信、港口、农业等公共基础设施的大力建设，坚实的硬件基础促进了落后地区和全国的经济发展；在经济快速增长时期，区域间经济发展不平衡日益加大，政府注重对落后地区的工业区和城市的开发建设，加大交通通信网络的建设，完善生产和生活基础设施，努力缩小其与发达地区的差距。②

韩国区域发展过程中的政府干预表现得更广泛、更直接和更具强制性。以工业分散政策为例，政府强调限制首都首尔的人口增长和工业集中，包括下令削减工业占地面积和居民占地面积；责令政府所属公司迁出首尔市区；对在首尔市和其他城市新办企业实行差别税率等。③

（五）借助财政支持手段大力开展基础设施和公共服务建设、产业转型和科技创新

基础设施和公共服务领域是各国财政资助的重点领域，基础设

① 杨伟霖，李长咏. 国外区域经济发展宏观调控的启示[J]. 理论与改革，2003（5）：118-120.

② 韩佳，徐长乐. 长三角区域经济一体化发展问题及对策研究——日本区域经济开发对长三角的启示[J]. 经济问题探索，2007（08）：70-75.

③ 施卫东. 韩国区域经济发展的评价与借鉴[J]. 亚太经济，2000（5）：28-31.

施和公共服务资源在区域空间上的分配决定了区域经济发展的先天条件，也是进一步吸引资本和人口要素流动的决定因素。各国通过对包括交通、通信、电力、水利、教育、医疗、文化等设施服务的大力建设，在实现资源均衡的同时，也为区域经济增长创造了条件，同时缓解了中心城市的承载压力。值得注意的是，区域科技创新政策的应用越来越成为各国促进区域经济一体化的新趋势。美、英、德三国都高度重视科技创新对区域内产业发展的拉动作用，启动了多项区域创新计划，发挥大企业、科研机构、研究型大学、中介和合作组织等制度结构中有利于人才集聚、创新开发、扩散和使用的特有机制。一方面，区域创新政策，在空间上通过产业分工和布局实现区域内产业交流合作，挖掘各地区的产业特色和潜能；另一方面也通过在区域内形成高质量的产业集群和产业链，从而实现区域整体产业经济的增长。①

（六）重视对贫民的扶持和农村的发展

印度政府的很多区域发展政策是站在贫民立场制定的。如在制定贫民窟发展政策时，必须先考虑贫民窟居民意愿。政府在政策实施过程中主要起引导作用，除提供各种基础设施和公共服务外，更多的是借助居民自身的力量来进行贫民窟的升级改造。比如提高贫民窟居民自身的收入水平，使其有能力自主改善居住环境，并且更好地接受公共服务的管理。政府致力于改善经济，增加就业机会，将建筑、就业、环境、文化、社会等因素融合在一起，促进渐进、连续、有机的更新和升级改造，实现城市的可持续发展。

---

① Arne Isaksen. Industrial Development in Thin Regions：Trapped in Path Extension? [J]. Journal of Economic Geography，2015，15（3）：585-600.

三、对中国的启示

（一）结合区域发展状况，制定目标明确的区域一体化发展规划

欧美国家每一次推动区域经济一体化，都具有“规划先行”的明显特征。目前，《美国2050》《德国空间发展理念和行动战略》《英国国家规划政策框架2012》是美、德、英三国针对区域发展最新的规划文件，表明了这些国家在推动区域经济一体化和全国经济增长方面的最新发展方向和决心。

区域经济一体化的规划制定，从宏观层面来讲，要从国情出发，结合国家区域经济发展目前所处的阶段，同时考虑全球经济背景，分阶段明确规划目标，采取中国特色的政策手段解决区域经济协调发展的突出问题。在地方规划层面，要以全国性的区域规划为指导，制定既符合地方发展实际，又与上下级区域规划相互配合、协调的发展规划；同时还要规范区域规划编制管理，推动区域规划的法制化，加强区域规划编制前期研究，完善区域规划编制、审批和实施工作程序，加强中期评估和后期评估，形成科学合理、管理严格、指导有力的区域规划体系。根据国家重大战略和重大布局需要，在保证规划稳定性的前提下，适时编制实施新的区域规划。

（二）推动建立健全的区域法律体系和法律机制

在充分尊重国情的基础上，在区域利益平衡、资源优化配置、间接调控和有限干预、决策集权和统筹兼顾的原则指导下，建立区域经济一体化的基本法，为我国区域经济一体化发展提供稳定、长远的法

律制度基础。同时，要继续建立健全区域经济一体化的专项法律制度和机制。在纵向上制定针对规划、产业促进、财政支持、金融援助等方面的法律，通过法律保证这些区域经济调节政策实施的权威性、强制性和稳定性；横向上制定针对区域合作、区域治理、统一市场等方面的法律，理顺区域利益关系，打破垄断，促进区域协调机制和区域市场机制的法制化。此外，针对特定地区的发展规划，如西部大开发、中部崛起、东北老工业基地振兴战略等，也要合理将规划内容法律化，按照我国区域经济一体化发展的战略部署有序推进。

（三）积极构建突破行政边界的跨区域治理模式和区域经济增长模式

一是要有跨区域的、常设的协调机构。我国目前的区域协调机构大多是非常设机构，缺乏日常工作机制，限制了协调机构职能的发挥，造成了跨区域协调和治理的低效。二是要有明确的章程。区域协调机构应该制定明确的合作内容和章程，规定各个部门的工作内容和职责，使各部门各司其职。三是要保障经费资金充足，通过多个部门共同分担，对经费进行合理规划和使用。总之，我国应该突破现有的治理模式，建立跨区域的高效的治理模式和协调机构，使实现区域经济一体化的各项工作有所依托和便于落实。此外，构建网络化的多层次区域治理体系和合作网络，不仅包括国家总体规划、各地方政府的协同，还可以通过发展政府与私人企业、政府与公民社会间的合作关系来使合作网络更具有包容性、自治力和竞争力。①

① 侯永志，刘云中，卓贤. 日韩两国区域和城市群发展的做法与启示[J]. 经济纵横，2012（6）：88-92.

（四）充分发挥市场在区域一体化发展中配置资源的决定性作用，探索自由贸易新形式

要破除资源流动障碍，使市场在资源配置中起决定性作用，促进各类生产要素自由流动并向优势地区集中，提高资源配置效率。这就要求政府的区域一体化政策要进一步消除妨碍区域统一市场和公平竞争的各种规定和制度，反对地方保护、垄断和不正当竞争，使资源要素有序自由流动；建立统一开放的市场体系；破除行政壁垒，建立与国际接轨的通行规则，降低制度性交易成本，改善营商环境，提升区域发展整体水平和效率。

有条件的地方加快自由贸易试验区建设，以投资自由、贸易自由、资金自由、运输自由、人员从业自由等为重点，推进投资贸易自由化、便利化，打造与国际通行规则相衔接、更具国际市场影响力和竞争力的特殊经济功能区。选择国家战略需要、国际市场需求大、对开放度要求高但其他地区尚不具备实施条件的重点领域，如生物医药、集成电路、工业互联网、高端装备制造业等前沿产业，实行具有较强国际市场竞争力的开放政策和制度，加大开放型经济的风险压力测试。推进投资贸易自由化、便利化，重点发展跨国公司地区运营管理、订单中心、结算中心等总部经济，大力发展大宗商品、金融服务、数字贸易等新型国际贸易，推动统筹国际业务、跨境金融服务、前沿科技研发、跨境服务贸易等功能集聚。实现区内与境外之间的投资经营便利、货物自由进出、资金流动便利、运输高度开放、人员自由执业、信息快捷联通，打造更具国际市场影响力和竞争力的特殊经济功能区。[①]

---

① 长江三角洲区域一体化发展规划纲要[ER/OL]．新华网，2019-12-1，http：//www.xinhuanet.com/2019-12/01/c_1125295202.htm.

（五）借力财政机制和区域创新，着力实现交通基础设施和公共服务一体化

交通基础设施建设方面，要实现全国层面的互联互通，为构建空间市场一体化提供硬件支撑。要加快建设集高速铁路、普速铁路、城际铁路、市域（郊）铁路、城市轨道交通于一体的现代轨道交通运输体系，构建高品质快速轨道交通网，统筹推进跨区域交通基础设施建设，形成互联互通、分工合作。在宏观区域上，需要落实"四沿"战略，构建"四纵四横"的大体按照经纬度走向延伸的经济轴带，实现全国"一日经济圈"的宏伟目标，做到各大综合经济区之间的互联互通。具体思路如下："四纵"指：沿海纵线，大连、威海、青岛、连云港、上海、福州、汕头、广州、北海等；京哈—京九线；二连浩特—包西线—西安重庆线—重庆贵阳南宁线—南宁湛江海口线—海口三（亚或沙）线；西部沿边线，阿尔泰—伊犁—喀什—阿里—拉萨线。"四横"指：北方捷道，大连、京津、包头、临河、哈密、乌鲁木齐、阿拉山口口岸（霍尔果斯）等；陇海线—兰西线—西格—格喀线；沿江线，沪汉蓉—成都拉萨线；台湾福州—福州南昌长沙线—长沙贵阳昆明瑞丽线。在微观区域上，需要构建有效连接所有建制镇以上居民点的"直线三角形"交通网络体系，努力做到"逢山开路、遇水架桥"。同时，要尽量消除各类居民点之间的"断头路"和"直线三角形"交通网络体系中的缺边路（或绕弯路），实现建制镇以上居民点之间交通网络体系的顶层设计。

在公共服务一体化方面，重点是公共交通、能源、通信等公用基础设施；教育、卫生、文化等社会事业；社会就业、收入分配、福利保障等公共制度，促进公共服务的普惠共享。在实现区域公共资源均衡的基础上，可以进一步引导劳动力从中心城市转移到周边城市，同

时增强区域科技创新动力，鼓励区域创新合作，建立科创产业融合发展体系。

（六）充分发挥城市群缓解大城市病和促进区域一体化发展的作用

第一，注重都市圈或城市群内各城市的功能协调和规模的匹配。注重发展中心城市周边各类具有特定功能的小城市或小城镇，如以工业园区为核心的城镇、以居住为主要功能的消费型城镇或以研发和物流为核心的城镇。第二，进一步加强城市基础设施建设。如日本在历次都市圈规划中都特别重视交通和信息网络的建设，有效地连接了各类城市。第三，重视中心城市的创新作用。中心城市是新信息的传导核心，是新技术的孵化器，要增强中心城市的国际竞争力，强化与周边城市的经济联系，发挥其对提高整体区域经济的辐射带动作用。[①]

执笔人：刘　勇　邵　晖　黄智怡　任雅洁

① 侯永志，刘云中，卓贤. 日韩两国区域和城市群发展的做法与启示[J]. 经济纵横，2012（06）：88-92.

专题报告九

打造多层次合作发展平台　促进粤港澳大湾区一体化建设

2019 年 2 月发布的《粤港澳大湾区发展规划纲要》明确提出把粤港澳大湾区建设成为充满活力的世界级城市群、具有全球影响力的国际科技创新中心、“一带一路”建设的重要支撑、内地与港澳深度合作示范区、宜居宜业宜游的优质生活圈。为实现发展目标，要深入分析粤港澳大湾区一体化发展面临的挑战和具有的基础，共建粤港澳合作发展平台，推动粤港澳大湾区建设。

一、大湾区内部的制度差异是影响粤港澳一体化发展的最大区情

粤港澳大湾区包括香港特别行政区、澳门特别行政区和广东省珠三角 9 市。与其他湾区相比，粤港澳大湾区的首要特点是湾区内部存在的制度差异，即在“一国两制”框架下的三个关税区、三种货币和三种法律制度。中国香港和中国澳门是在 WTO（世界贸易组织）中存在的单独关税区，虽不享有国家主权，但在 WTO 框架内可以签订

双边或多边贸易协议，享有与国家同样的权利，承担同样的义务。香港地区实行与美元挂钩的联系汇率制度，而澳门执行与港元挂钩的联系汇率制度，港币和澳门币为自由兑换货币，人民币执行有管理的浮动汇率制度。中国内地执行中国特色的社会主义法律制度，香港地区是英美法系，澳门是大陆法系。其中至为关键的管辖权和终审权话题非常复杂，但无论如何，香港和澳门享有不同于内地的司法权。①

粤港澳大湾区特定的制度环境以及地理上的紧密联系带来了大湾区经济发展的一些特征。首先是总量上的差异，例如澳门在面积和人口方面都明显小于粤港澳大湾区的其他城市，经济总量上，香港、广州和最小的肇庆有 10 倍之差；其次是在人均发展水平上的差异，以人均 GDP 计算，最高的澳门为最低的肇庆的 10 倍，即使在地理上邻近的港深之间，其人均 GDP 也相差一倍以上；最后，经济效率存在差异，以地均 GDP 计算，即使不考虑面积较小的澳门，香港的地均 GDP 是深圳的 1.8 倍（见表 1）。

表1　　粤港澳大湾区各城市的差异

	广州	深圳	珠海	佛山	江门	肇庆	惠州	东莞	中山	香港	澳门
常住人口（万人）	1490	1303	189	791	460	415	483	839	331	745	63
GDP（亿美元）	3358.7	3578.9	436.9	1463.0	422.0	320.5	597.9	1203.4	530.5	3628.2	544.3
人均GDP（万美元/人）	2.25	2.75	2.31	1.85	0.92	0.77	1.24	1.43	1.60	4.87	8.64
面积（平方公里）	7434	1953	1701	3868	9541	14900	11200	2465	1784	1106	32.8

① 见夏引业. "一国两制"下香港终审法院的角色与立场——以"吴嘉玲案"终审判决为中心的分析[J]. 法制与社会发展，2015（4）；陈志杰. 论我国特别行政区的独立司法权[J]. 发展与社会，2013（7）.

续表

	广州	深圳	珠海	佛山	江门	肇庆	惠州	东莞	中山	香港	澳门
人口密度（人/平方公里）	2005	6670	1112	2044	482	279	431	3405	1855	6736	19207
地均产出（亿元/平方公里）	3.12	12.64	1.77	2.61	0.31	0.15	0.37	3.37	2.05	22.63	114.51

数据来源：2018年数据，来自Wind.

此外，粤港澳大湾区内部的经济结构也有很大的差异，最主要的特征就是第二产业和制造业在经济总量中占比的巨大差异。根据 2017 年的统计数据，香港第二产业和制造业的占比分别为 7.2% 和 1.1%，澳门第二产业和制造业的占比分别为 6.6% 和 0.6%，这远低于内地珠三角 9 个城市中占比最低的广州市，其相应数据分别为 27.5% 和 25.1%。这个结构上的差异反映了港澳尤其是香港作为国际贸易和金融中心的职能，也是粤港澳大湾区内部制造业分工的结果。

二、粤港澳大湾区的多中心空间结构使其一体化发展面临多种流向的复杂性

在世界著名的湾区中，粤港澳大湾区的多中心空间结构特征非常突出。纽约和东京大湾区实际上是以纽约和东京为核心的单中心结构，而旧金山湾区和粤港澳大湾区是多中心的空间结构。旧金山湾区有旧金山、奥克兰和圣何塞 3 座入选了 GaWC（全球化与世界城市研究网络）世界城市名册的知名城市，不过旧金山湾区的对外交通以及国际经贸联系仍然需要通过旧金山，旧金山的相对作用和地位很高。粤港澳大湾区则有香港、广州、深圳和澳门 4 座城市入选，其中香港的排名一直靠前，深圳、广州由于其金融服务业所带来的全球连通性，排

名迅速上升。机场的吞吐量从另一个角度证明了这一点。在全球50大机场中，广州机场和香港机场均为吞吐量7000万以上的枢纽机场，深圳机场也是吞吐量5000万的枢纽机场，其他湾区则只有其核心城市拥有枢纽机场，即都不具有这种典型的多中心结构，这使大湾区面临多种空间流的复杂性。据王世福等根据2019年腾讯位置数据分析，在工作日，香港与珠三角城市群之间的人口流动只有香港与长三角城市群人口流动的一半，而大湾区的珠三角内部存在强联系的城市人口流动网络，主要是“广州—东莞—深圳”以及“广州—佛山”之间，港澳与湾区其他城市的人口流动规模并不大。

三、粤港澳大湾区一体化发展应具有更多样化的目标和任务

区域一体化既是一种状态，也是一个过程。就其状态而言，是指不同地方的行为主体的制度环境乃至供求关系是相同的；就其过程而言，是指不同区域之间的经济边界逐步消失。细分起来，区域一体化在区域发展研究语境中有两个指向，第一个属于国际经济学范畴，指两个以上的国家（经济体或关税区）逐步让渡部分甚至全部经济主权，采取共同的经济政策并形成排他性的经济集团的过程，目前一体化程度最高的区域经济集团是欧洲联盟。第二个属于（一国内部）区域经济学或者空间经济学的范畴，通常在国土范围大、国内各个地区之间差异大的国家内，讨论比较多。国内区域经济一体化是区域经济学和区域政策讨论的重要话题，在当前经济社会发展的条件下，促进区域经济的一体化有利于扩大国内市场规模，扩大内需，缩小地区间的差距，同时还可以促进国土空间优化，形成良好的国土空间经济秩序等。国内区域经济一体化的建设包括基础设施联通、政府间的协议、制度

建设和整合等多种形式和阶段。

区域一体化是区域政策的重要内容，但由于实现真正的区域一体化需要较高的条件，在国内的政策实践中，实施一体化的区域是比较发达的地区和都市圈，如广东省2010年出台的珠三角五个一体化规划。2019年出台的《长江三角洲区域一体化发展规划纲要》是第一个国家战略意义上的区域一体化发展的公共政策，从规划的目标和内容看，除了硬件的基础设施和创新产业外，还对应着区域一体化的制度建设和整合阶段，是高度一体化的发展。

粤港澳大湾区的一体化涉及国际经济学和区域经济学两个范畴。粤港澳大湾区的一体化发展在国际经济学范畴中是多个不同关税区的相对独立经济体的一体化发展，这就包括了贸易、投资、关税及非关税措施、相关货币财政金融等宏观调节政策的相互协同和一体化发展的内容。在区域经济学范畴中则是与长江三角洲区域一体化发展相似的要求，包括基础设施、创新产业以及相应的制度建设和整合，与国际经济学范畴不同的是，在政策和制度层面，则会更多聚焦于政府提供的公共服务和财政政策，而不是货币政策和司法制度等与行政主权关联的内容。由此可见，与国内其他区域相比，粤港澳大湾区的一体化建设具有更多样化的目标、任务和路径。

四、应重点建设各类合作平台促进粤港澳大湾区一体化发展

粤港澳大湾区的一体化发展应从区域经济学和国际经济学两个范畴来思考。从区域经济学的角度看，粤港澳大湾区的一体化发展应该在缩小区域发展差距、发挥地区优势、塑造新型文化和生态保护等方面取得突破性进展；从国际经济学的角度看，还需要在货币、贸易、

司法和行政等方面的政策及制度协调取得突破。

粤港澳大湾区未来发展的制度和体制优势一方面是在整个湾区范围加强设施的“硬联通”和机制的“软联通”，在大湾区内，在保持各自制度特征的基础上，做到不同制度的特点在空间上的相互结合，使制度差异带来的红利在更广阔的区域内释放；另一方面是在重点地区打造粤港澳合作发展平台，在合作平台内做好制度和机制设计，促进各种要素的流动和融合发展，通过抓好粤港澳合作发展平台重要载体，打造粤港澳三地紧密合作的结合点和经济发展的支撑点。

推进粤港澳大湾区一体化发展的措施是多方面的，其中，粤港澳合作发展平台是促进大湾区一体化的重要载体，而且在粤港澳大湾区发展中具有特殊的作用。如前所述，粤港澳大湾区不同于国内其他区域，有着“一国两制”“三个关税区”等多个特性，既有国际经济学也有区域经济学的一体化含义。很多的一体化内容和措施势必需要在大湾区范围内逐步分阶段地尝试、改革和实施，这就对粤港澳合作发展平台提出了现实需求。这样做既可以发挥不同区域在制度差异方面的优势，也可以有效地控制风险。从珠三角的发展历程来看，粤港澳的紧密联系就是充分发挥不同体制和制度的优势，由此带来珠三角地区的快速发展，如早期的中英街、产业园区和经济特区。

发挥制度优势，在合作发展平台进行多方面的试点和改革尝试。合作发展平台的选择可以是“9+2”城市之间的两两合作，也可以是多个城市之间的合作。合作发展平台的空间安排既可以在广东省的9个城市，也可以在港澳地区。最基本的合作内容就是先着重产业合作，搭建企业和产业间在资金、技术和人员等方面的合作桥梁；然后可延伸至与产业发展紧密相关的产品服务和技术创新的合作，继而推进人员交流往来之间的紧密合作。当初期完成摸索之后，可深入行政、司法等制度方面的合作，逐步探索形成完全一体化的行政、司法等制度环境。

五、依据战略定位构建多层次的粤港澳合作发展平台

粤港澳大湾区的发展目标、任务和路径都是多样化的，不同的发展任务和所需要解决的问题可以在不同层次的合作发展平台尝试和完成。

（一）建设功能齐全、具有全局重要性的合作发展平台

按照《粤港澳大湾区发展规划纲要》，粤港澳大湾区的空间发展战略是突出极点带动，即发挥香港—深圳、广州—佛山、澳门—珠海强强联合的引领带动作用，深化港深、澳珠合作，加快广佛同城化建设，提升整体实力和全球影响力，引领粤港澳大湾区深度参与国际合作。可见，香港、澳门、广州和深圳是大湾区的中心城市，这些城市及其都市圈一体化空间范围是带动大湾区发展的极点，因此，要在这 4 个中心城市建设功能齐全、具有全局重要性的合作发展平台。具体而言，这主要包括深圳前海深港现代服务业合作功能区、广州南沙粤港澳全面合作示范区和珠海横琴粤港澳深度合作示范区。这一范围也与总面积约为 116 平方公里的广东自由贸易试验区相似。

在香港范围内，支持落马洲河套港深创新及科技园建设，和毗邻的深圳科创园区共同打造科技创新合作区。落马洲河套是 20 世纪 90 年代末港深两地政府进行深圳河治理工程后，新旧河道之间形成的一个曲流（又称河曲）区域，拨归香港管理。在现有的大湾区规划纲要的规划期内，香港一侧的合作示范区先确定在落马洲河套地区，符

合渐进的行动规律。未来随着一体化的推进，可以在香港其他地区（例如新界）选择 1 ~ 2 个合作发展平台，进行更为全面的、广泛涉及国际经济学和区域经济学范畴的一体化政策措施的改革。关于香港合作发展平台的一体化示范内容，除了科技创新研发之外，有必要较多地关注高端制造业或制造环节的推进。香港的经济结构已高度服务业化，制造业的占比非常低，不仅与中国内地城市相比较低，和新加坡这样的城市经济体相比也较低。按照就业计算，2015 年香港的制造业就业占比为 3%，新加坡为 11.1%；按照增加值计算，2017 年香港的制造业占比为 1.1%，新加坡为 17.9%。过低的制造业占比可能会对经济就业的稳定性以及研发投入产生影响。以新加坡的数据为例，2010—2016 年新加坡私人部门中的制造业的研发投入强度是服务业的 3.56 倍。因此，香港的合作发展平台有必要关注制造业的发展。

（二）在珠三角内各城市建设功能多样、分布广泛、不同层面的粤港澳合作发展平台

粤港澳大湾区里广东省内的 9 个城市有着各具特色的定位和发展方向，在推进粤港澳一体化建设的过程中，应该结合城市定位，构建功能多样、分布广泛、不同层面的合作发展平台。通过对经济规模、创新能力、宜居环境等方面的分析，可以对珠三角 9 市进行分类，将其划分为 4 个层级：第一层级深圳、广州；第二层级珠海、佛山、东莞；第三层级中山；第四层级肇庆、惠州、江门。在不同层级的城市中设置不同功能的粤港澳合作发展平台。具体而言，可以按照《粤港澳大湾区发展规划纲要》的要求在佛山南海区、江门银湖湾滨海新区、东莞滨海湾新区、惠州大亚湾新区、中山翠亨新区、肇庆新区等地进

行合作示范，共同推进产业发展、科技创新和文化传承。此外，更为重要的是，在更多、更广泛的合作示范平台上，按照宜居生活、创新活力、产业合作、教育医疗、司法行政等不同内容，设定探索示范合作内容的类型，为未来区域内政治、经济、文化、社会和生态的全面一体化发展积累不同层面的经验。

执笔人：刘云中

参考文献

[1] 《粤港澳大湾区发展规划纲要》，2019年2月

[2] 《长江三角洲区域一体化发展规划纲要》，2019年12月

[3] 李善同，侯永志等. 中国区域协调发展与市场一体化. 北京：经济科学出版社，2008

[4] 刘云中，刘泽云. 中国区域经济一体化程度研究. 财政研究，2011（11）

[5] 王世福，梁潇亓. 粤港澳大湾区空间发展的制度响应. 规划师，2019（7）

专题报告十

成渝城市群一体化发展研究

2020 年 1 月 3 日中央财经委员会召开第六次会议，明确提出要推动成渝地区双城经济圈建设。这为成渝城市群一体化发展指明了方向，强调成渝地区双城经济圈建设要“牢固树立一体化发展理念，做到统一谋划、一体部署、相互协作、共同实施，唱好‘双城记’”。结合中央财经委员会第六次会议提出的要求，本文将重点剖析成渝城市群一体化发展面临的突出问题，并在此基础上给出相应的政策建议。

一、成渝城市群与长三角城市群一体化发展的差距

从目前的发展进程来看，成渝城市群一体化发展虽然已经在很多方面取得了积极进展，但与长三角城市群相比，很多方面仍然存在较大差距。

（一）成渝城市群市场一体化程度明显低于长三角城市群

相较于长三角城市群而言，成渝城市群市场一体化的程度相对较

低，这是多方面原因导致的。现实中缺乏市场一体化的直接统计指标，这里就从两个方面间接比较两大城市群的市场一体化程度。理论上看，市场一体化程度越高，物价水平变化趋势越一致，因此往往用相对价格变动的标准差来反映市场一体化程度。数据显示，虽然四川同全国市场一体化程度较高，但重庆同全国市场一体化程度明显低于长三角各省（区、市）（见图 1）。

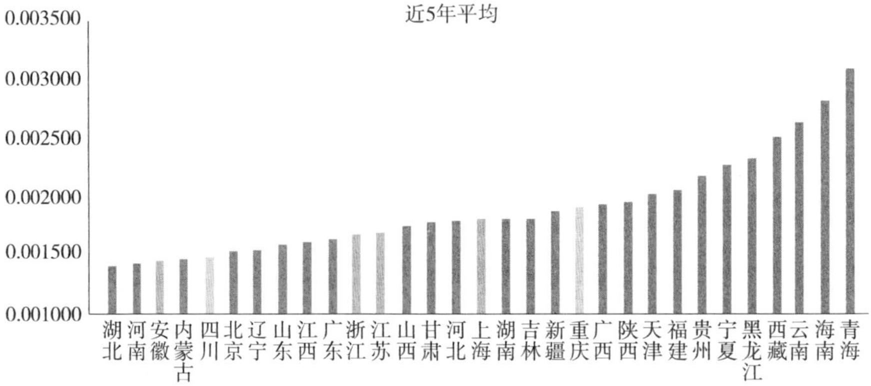

图1　各省（区、市）与全国商品市场一体化指数

资料来源：国家统计局，作者测算。

从贸易联系来看，通常市场一体化程度越高，相互之间的贸易联系就更加紧密。从具体数据来看，长三角地区三省一市的前三位国内贸易伙伴多数还是长三角内部的省市。如浙江的前三位国内贸易伙伴是安徽（第一）和江苏（第二），安徽的前三位国内贸易伙伴全部是长三角内省市。而在川渝地区，虽然重庆是四川的第一大国内贸易伙伴，但四川却只是重庆的第五大贸易伙伴；而且从贸易占比来看，川渝内部贸易占比远低于长三角地区。这在一定程度也反映出长三角内部市场一体化程度要明显高于川渝两省市（见图 2）。

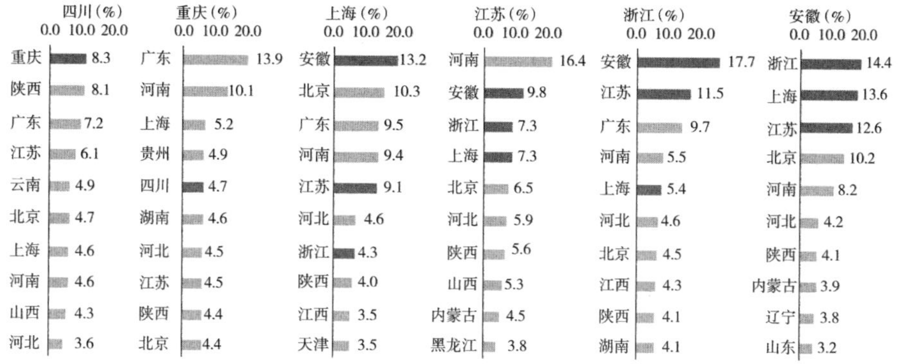

图2　川渝和长三角地区省市的前10位国内贸易伙伴

资料来源：国家统计局，作者测算。

（二）成渝城市群基础设施密度和效率明显低于长三角城市群

基础设施直接影响城市群内部的连通性，是城市群一体化发展最基础的支撑条件。目前的数据显示，川渝地区基础设施条件明显要弱于长三角地区。从基础设施的密度来看，川渝地区显著低于长三角地区。长三角地区的铁路和高速公路密度都比川渝地区高一倍以上（见图3）。从基础设施的效率来看，成渝城市群也要明显低于长三角地区。这里用中心城市之间的高铁时间和发车频次来反映基础设施的效率。长三角沪宁杭之间高铁的最短通行时间基本都在一个小时以内，而成渝之间最短的则需要1个小时13分钟。成渝之间高铁的日均发车班次只有88车次，而沪宁杭之间发车班次最少的也有137车次（南京南—杭州东），最多达268车次（上海虹桥—南京南），前者只有后者的32% ~ 64%。

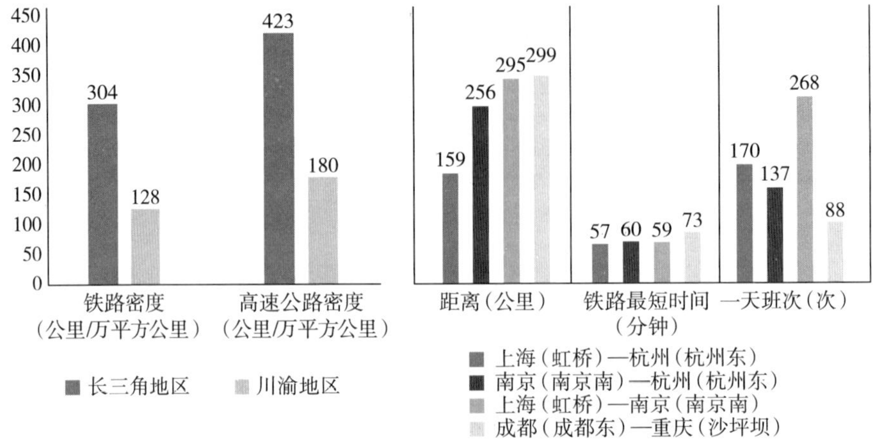

图3　长三角和川渝基础设施密度以及中心城市铁路距离、通行时间和班次

数据来源：统计年鉴，网络。

（三）川渝之间产业发展同质化程度要明显高于长三角内部

整体来看，川渝两地产业基础较为类似，发展战略和发展规划中选取的重点产业也比较相似。对比四川省和重庆市的“十三五”规划可以发现，两地选取的战略性产业和重点发展的优势产业有不少是雷同的，如电子信息、汽车制造、机器人、节能环保装备、新能源汽车、新材料、生物医药、油气钻采与海洋工程装备等。加之两地长期形成的竞争状态，更倾向于发展类似产业（特别是近些年来在电子、汽车等产业方面的竞争），使两地产业发展较为雷同，相互之间的产业错位发展的程度要明显弱于长三角。这一点可以从出口产品的相似程度中得到印证。川渝之间的产品相似度高达0.95，而长三角内部相似度最高的江苏与上海也只有0.78，其他省份之间相似度非常低（见图4）。

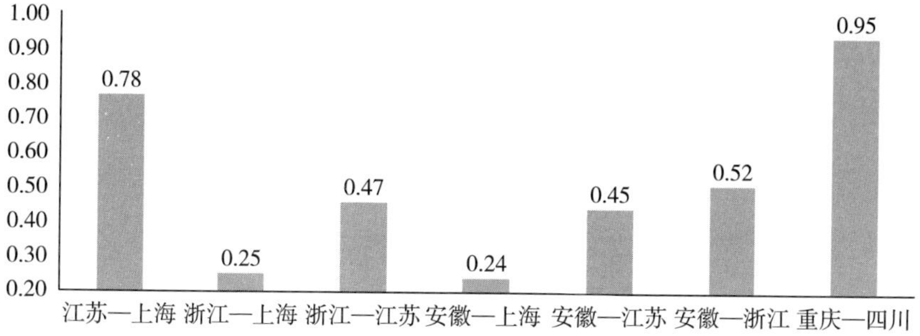

图4　长三角和川渝出口产品相似度

数据来源：海关数据。

（四）川渝两地城乡、区域一体化发展程度低于长三角区域

从城乡、区域一体化发展的角度来看，川渝整体上也明显落后于长三角地区。川渝两地城镇化发展水平较低，城乡差距较大。重庆市虽然属于直辖市，但却仍然拥有大量乡村，城镇化程度远低于其他3个直辖市。2018年，重庆市乡级行政单元仍然达到177个，是其他3个直辖市中拥有乡级行政单元较多的北京市的4倍以上；重庆市城镇化率比其他3个直辖市低20个百分点左右。四川的城镇化率也要大幅低于江苏和浙江，甚至低于发展水平较低的安徽。与之相对的是，川渝的城乡差距也要明显高于长三角地区，不仅城乡之间二元结构更为突出，省份内部的区域之间分化也更加明显。重庆和四川两地内部人均GDP最高的地级市（区）是最低的地级市（区）的4.56倍和4.88倍；而长三角地区的浙江、江苏和安徽三省则分别只有2.20倍、3.12倍和4.51倍。这些都说明川渝地区的区域一体化发展程度要明显低于长三角地区（见图5）。

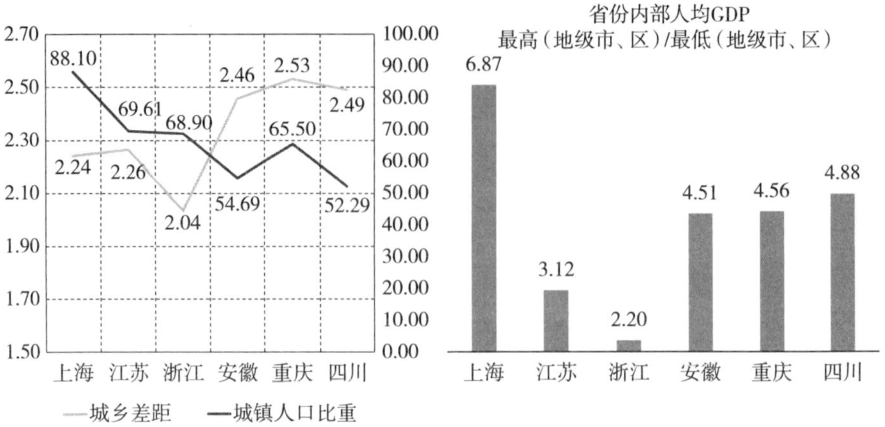

图5　长三角和川渝城镇化率、城乡差距和省（市）内区域差距（2018）

数据来源：Wind.

（五）成渝城市群城镇体系完备化程度要显著低于长三角区域

城市群的一体化发展需要发挥不同城市的作用，促进大中小城市的协同发展。然而成渝城市群在城镇体系的建设方面，明显不如长三角城市群。长三角城市群以上海为中心城市，辐射带动了南京、杭州、合肥、苏州、无锡、常州、宁波等一批次级城市群和许许多多各具特色的小城镇的综合发展。而成渝城市群城镇体系出现了明显的“断档”，即重庆和成都两个超大城市发展较快，其他城市发展明显滞后。从人口规模来看，长三角城市群不同人口规模城市是接续的，而成渝城市群除了重庆和成都两个超大城市外缺少大城市和特大城市，即市辖区户籍人口在200万～700万或全市常住人口在700万～1000万的城市（见图6），即类似于长三角城市群中的苏州、常州、无锡和宁波等城市。从发展水平来看，也是如此，长三角城市群的中心城市上海市的人均GDP与苏州、常州、无锡和宁波等城市基本相当，甚至低于后者；而成渝城市群的中心城市成都的人均GDP是南充、达州和绵阳等城市的 2 ～ 3 倍。

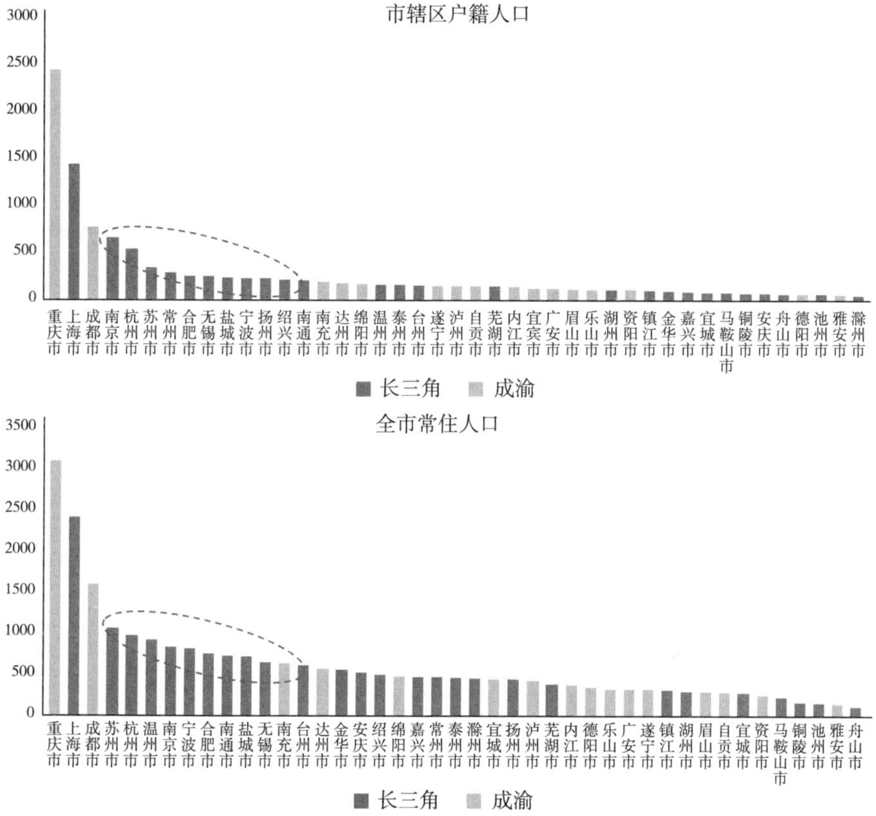

图6　长三角和成渝不同城市的人口规模（万人）

数据来源：城市统计年鉴、各省统计年鉴。

另外，成渝城市群在生态环境、公共服务等领域的一体化发展方面也要明显滞后于长三角城市群。

二、成渝城市群一体化发展面临的特殊困难

对比长三角一体化发展，成渝城市群一体化发展目前存在的突出问题如下。

（一）特殊的地理条件加大了两地之间的基础设施建设和空间一体化发展难度

成渝城市群的两大中心城市之间（成都—重庆）的地理距离要明显远于长三角城市群中心城市之间（上海—南京、上海—杭州和南京—杭州）的距离。地理数据显示，成渝城市群中两大中心城市之间的直线距离达到360公里左右，而长三角三大中心城市之间的直线距离最短只有180公里（上海—杭州），最长也只有300公里（上海—南京）。[①]另外，四川盆地由川东平行岭谷、川中丘陵和川西成都平原三部分构成，川东平行岭谷是世界上特征最显著的褶皱山地带，川中丘陵地区地表丘陵起伏，沟谷迂回。特殊的地理条件一方面增加了成渝城市群主要城市之间的基础设施建设难度，影响了成渝城市群内部的基础设施的连通性以及成渝城市群与全国其他地区的连通性；另一方面导致了建设用地的碎片化，土地整治的成本更高，影响成渝城市群主要都市圈特别是重庆都市圈内部的同城化发展。另外，特殊的地理条件也是川渝两地长期“背向发展”的重要原因。川东平行岭谷使重庆重点向东发展，除了“一小时经济圈”外，重点发展以万州区为中心的由三峡库区城镇群组成的渝东北翼，以及以黔江区为中心的由渝东南城镇群组成的渝东南翼。川中丘陵的限制使四川空间发展的重点一直是“成德绵眉乐发展轴”。

（二）行政地位和经济发展水平的不匹配使成渝城市群难以形成单一中心，城市群内部协调难度较大

两者行政地位和经济发展水平的错位导致成渝城市群难以形成单

① 采用百度地图查询。

一中心，这更是加剧了两座城市在经济地位方面的竞争。重庆的行政建制经历了多次变化。近代以来，在新中国成立前和新中国成立初期，重庆的行政级别曾在较长时期内高于成都。但自 20 世纪 50 年代并入四川之后，重庆作为副省级城市或者计划单列市，其实际地位要明显低于省会成都。重庆的经济总量较大，且工业发展水平要明显强于成都，成为四川省的重要纳税大市。但作为省会的成都，往往享受更多的扶持，发展水平也明显高于重庆（见图 7）。这增强了成渝之间各自的地域竞争意识。重庆被设立为直辖市之后，相对地位大幅提升，行政级别明显高于成都，但整体发展水平却低于成都。尽管两者的人均 GDP 差距一直不断缩小，但 2019 年成都的人均 GDP 仍比重庆高 40% 左右，重庆“主城九区”的发展水平才基本与成都相当。这种行政地位和发展水平的不匹配使成渝之间针对城市地位的竞争更加显性化。关于中欧班列的竞争就是典型的例证。成渝之间的这种竞争加大了成渝城市群建设过程中的沟通和协调难度。

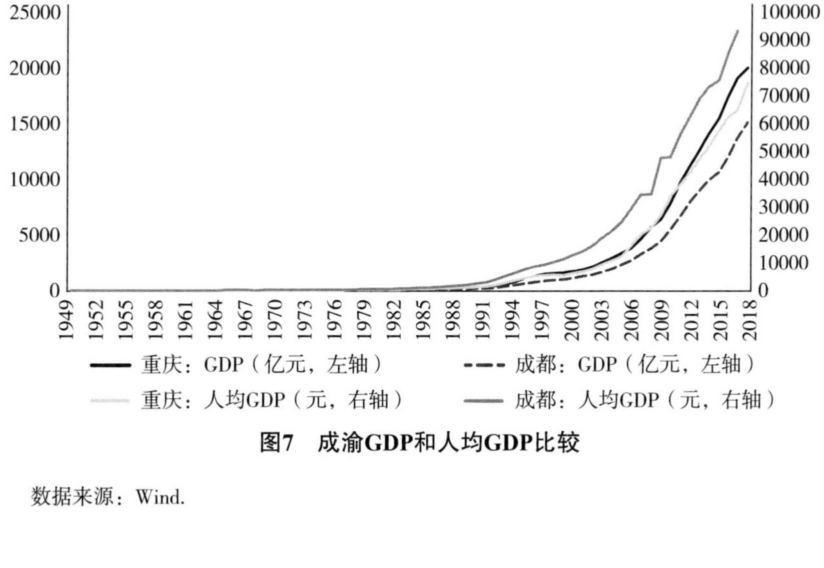

图7　成渝GDP和人均GDP比较

数据来源：Wind.

（三）老工业基地和资源枯竭型地区较难转型将成为成渝城市群一体化发展的掣肘

四川和重庆是国家“三线建设”的重点区域，拥有众多的老工业基地和资源型城市。除重庆和成都两个中心城市外，成渝城市群 14 个地级市中有 7 个属于老工业基地和资源型城市，分别是泸州市、德阳市、绵阳市、内江市、乐山市、自贡市和宜宾市。不仅如此，成都市青白江区和重庆环都市区也属于老工业基地。[①] 尤其值得强调的是，成渝城市群内部的老工业基地普遍发展水平较低，除德阳市外，其他的 6 个老工业城市人均 GDP 均未超过全国 95 个老工业城市的平均水平（见图 8）。随着发展环境的变化，这些老工业基地和资源枯竭型城市发展转型的压力日趋增大，普遍面临规划布局不尽合理、基础设施陈旧、环境保护和安全生产压力较大、民生改善任务较重等一系列发展困难。而且这些老工业城市和资源枯竭型城市与其他城市之间无论是发展水平还是公共服务水平都存在很大差距，因此短期内很难在基础设施、公共服务、产业发展等方面与其他城市形成一体化的发展格局，这就加大了成渝城市群一体化发展的成本。

（四）高效、便捷的对外联系通道的缺失限制了成渝城市群外向型经济的发展

近些年来，随着全方位对外开放战略的实施，特别是共建“一带一路”倡议的落实，川渝两地加快对外通道建设，积极培育内陆开放新优势，推动形成内陆开放高地。现均已形成一定规模，建成东西南北四个方向、铁公水空四种方式的出海出境大通道。如西向：2018 年

---

① 参见《全国老工业基地调整改造规划（2013—2022年）》《全国资源枯竭城市转型发展规划》和《关于支持老工业城市和资源型城市产业转型升级的实施意见》。

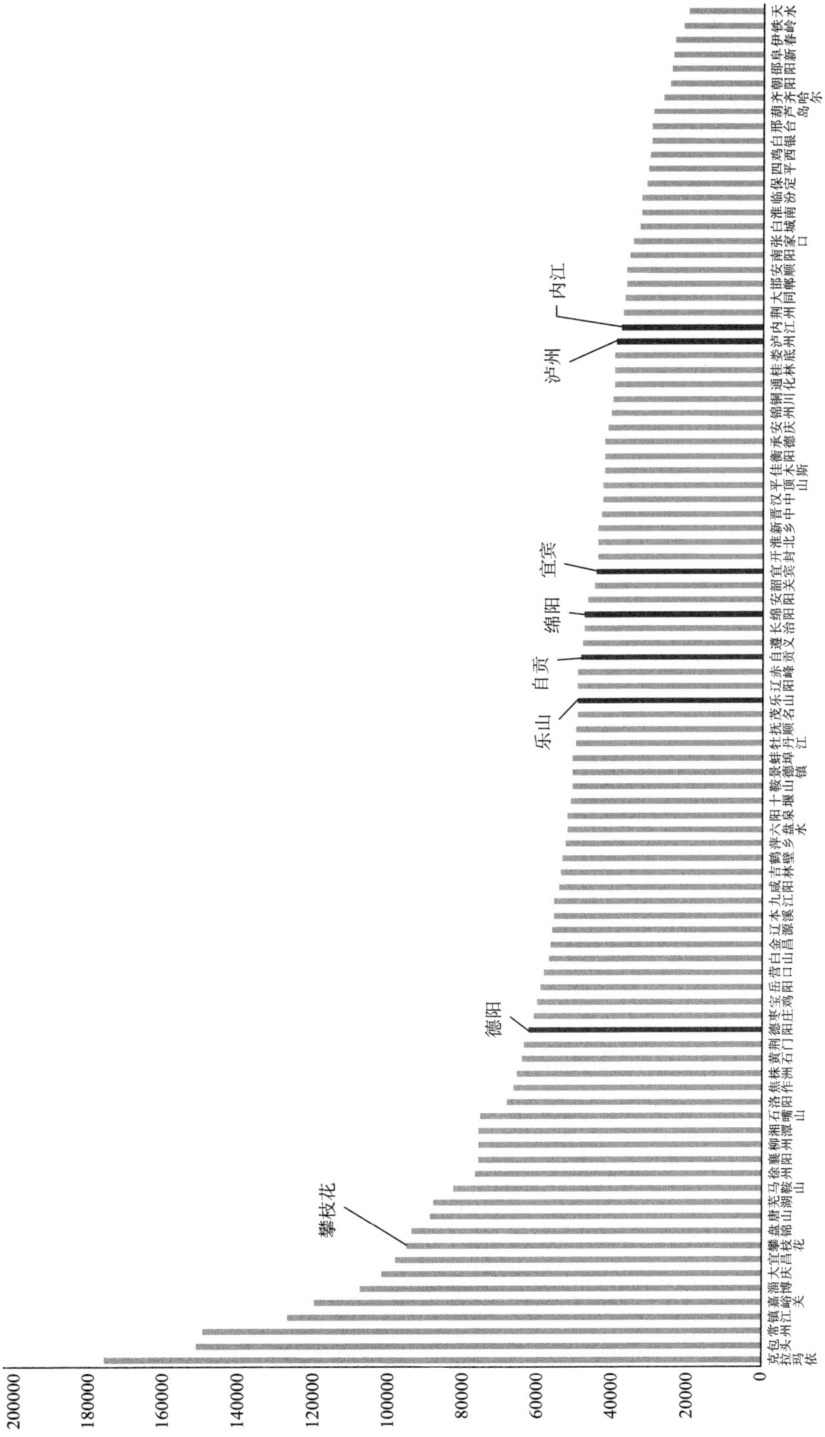

图8　2018年95个地级老工业城市的人均GDP（元）

数据来源：各省统计年鉴。

成都、重庆两地分别开行中欧班列1591列、1442列，占全部中欧班列的一半左右；南向："渝黔桂新"铁海联运班列累计开行657班，中新互联互通项目"陆海新通道"正在加快建设；东向：渝甬铁海联运等班列不断增加；北向："渝满俄"等班列逐步常态化。尽管如此，与东部沿海特别是长三角相比，成渝城市群的出海出境大通道仍然缺乏竞争力。主要体现在两个方面：一是成渝属于相对靠近地理中心的内陆城市，无论哪个方向的通道离边境都比较远，因而出境通道的运输成本相对高于那些靠近边境的城市（如东部沿海城市、西北的西安、西南的昆明和南宁等）；二是成渝城市群新的出境通道沿线国家和地区（如中亚、东南亚）基础设施落后，信息化程度低，较难实现多式联运和货物转运，直接影响通道运输成本和运输规模。正是因为这些通道缺乏自然的竞争优势，区域之间财政补贴的恶性竞争才成为常态。也正是因为如此，财政部从2018年开始，发文限制地方对中欧班列的补贴，要求2018年、2019年和2020年补贴分别不得超过运费的50%、40%和30%。

（五）更加严峻的内外部环境使成渝城市群产业升级和转型面临多重压力

金融危机以来，全球经济虽出现短暂性的复苏，但整体仍然处于低迷状态。展望未来，对外发达国家内部人口老龄化、贫富分化、债务不断累积等一系列问题和结构性矛盾难以解决，加之新冠肺炎疫情的全球迅速扩散，全球经济长期处于较低增速甚至出现大衰退将是大概率事件，对内中国经济正在经历转型。2020年上半年发达国家股指出现密集熔断就是重要的预警信息。部分机构对全球经济的增长做出越来越悲观的预测（见图9）。从国际来看，全球化将会迎来更加汹涌的逆潮，中国部分产业将面临更快向其他发展中国家和发达国家转移压力，成渝城市群承接东部地区的产业转移的空间越来越小，发展外向型经济的难度也越来越大。这一点从近年来中美贸易摩擦之后越南的出口飞速增长中得到印证。从国内来看，国内经济的减速将加剧地区之间的竞争，促使各地重塑竞争新优势，成渝城市群也将面临来自国内其他城市群更激烈的竞争。这些对于迫切需要加快发展步伐的成渝城市群而言都是巨大的压力。

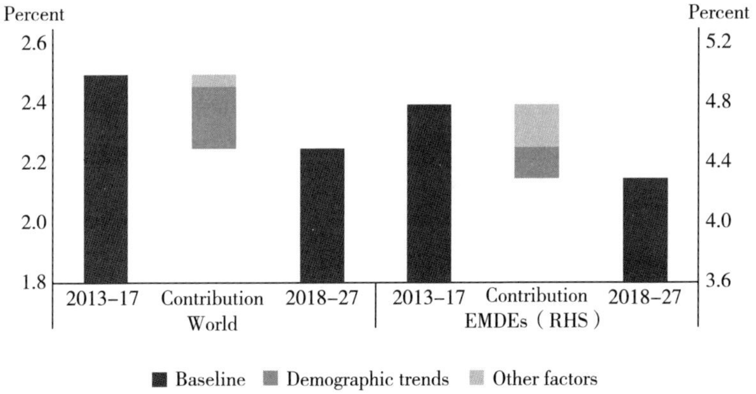

图9　世界银行对全球经济增长速度的预测

数据来源：网络。

当然除了上述困难外，成渝城市群的发展还面临许多其他的挑战，如水资源短缺、中心城市辐射带动作用不强，等等。

三、成渝城市群迈向一体化的阶段性目标

成渝城市群一体化发展是一项系统工程，要加强顶层设计和统筹协调。结合成渝城市群自身的发展基础和内外部环境，建议设定如下阶段性目标。

到 2035 年，成渝城市群一体化发展取得重大进展：基本建成以成都和重庆为中心的能够引领西部发展、具有全国影响力的两大都市圈；基本建立一体化体制机制，基本形成统一开放、流动自由、规则一致、监管协同的市场体系。

基础设施互联互通基本实现。铁路、公路、水路、航空和信息设施通达能力显著提升，重点港口实现协同高效运作。到 2035 年，成渝城市群铁路网密度和公路网密度均超过 300 公里 / 万平方公里，5G 网络覆盖率达到 90%。

合理分工、优势互补产业协同发展体系初步形成。优势产业竞争力显著增强，形成若干具有全国影响力的产业集群，产业链迈向中高端，成为西部地区重要的创新策源地。到 2035 年，成渝城市群的 GDP 占西部地区的比重达到 38%，占全国的比重达到 10% 左右；研发投入强度达到 2% 以上，高技术产业增加值占规模以上工业增加值比重达到 20% 以上。

城乡区域协调发展格局基本形成。成都和重庆两大都市圈同城化基本实现。成渝城市群内部城市之间一体化发展取得实质进展。城乡融合、乡村振兴取得显著成效。到 2035 年，成渝城市群城乡居民收入之比控制在 2.1 以内，城市群内部不同城市人均 GDP 最高最低之比控制在 3.5 以内，常住人口城镇化率达到 65%。

生态环境一体化治理能力显著增强。环境污染一体化治理的机制基本建立，生态环境协同监管体系基本建立，生态环境质量总体改善。到 2035 年，主要城市空气质量优良天数比率达到 90% 以上，跨界河流断面水质达标率达到 95%。

公共服务整体水平和共享程度明显提升。城市群整体公共服务供给能力和质量大幅提升，基本公共服务标准体系基本统一，公共服务均等化程度不断提升。

到 2050 年，成渝城市群实现高水平的一体化发展。现代化经济体系基本建成，城乡区域实现一体化融合发展，公共服务实现均等化，基础设施互联互通全面实现，人民基本生活保障水平大体相当，一体化发展体制机制更加完善，发展水平位居全国前列，成为具有全球影响力的世界级城市群。

四、政策建议

成渝地区双城经济圈建设是一项长期性工程，需要统筹各方力量持续推进。针对目前成渝城市群一体化发展存在的问题和报告提出的阶段性目标，提出如下政策建议。

（一）加快构建“成渝地区双城经济圈建设和一体化发展”协调机构、机制

与单中心经济圈相比，双中心和多中心经济圈发展的协调更难。加之成渝自身长期竞争和对峙，成渝一体化发展的协调难度相对更大，因此需要构建更高层级的协调机构，形成更有约束力的多级协调机制。建议参照长三角一体化的组织实施模式，构建多层级组织协调和实施机构和机制：在国家层面设立 1 个统筹协调机构，即成渝地区双城经济圈发展领导小组，主要负责研究和制定重大发展战略和规划，统筹指导和综合协调相关发展战略和规划的实施；在省级层面设立包含省级政府 + 职能司局 + 地级市（区）等多级推进机制，负责制定具体行动计划和专项推进方案，把重大发展战略和规划确定的各项任务落到实处。

（二）以基础设施一体化为切入点为成渝城市群一体化发展奠定坚实基础

基础设施一体化是城市群一体化发展的重要基础。对于受自然地理条件限制和缺乏高效出海出境通道的成渝地区而言，更是如此。一方面，国家层面要加大对向西面即欧洲和中亚，向北面即蒙古国和俄罗斯，向南面即东南亚和南亚的大通道的建设力度，推进通道沿线地区的基础设施建设，实现互联互通，为成渝地区实现高水平、全方位对外开放创造更加有利的区位条件。另一方面，推动成渝地区内部的铁路、公路、港口和机场的一体化建设，消除影响基础设施连通的堵点、断点和薄弱环节，提升成渝地区基础设施密度和连通度。另外还需要加快推进基础设施管理体制的一体化，提高基础设施管理运营的效率。

（三）以共建各类园区为重点推动成渝城市群产业合理分工协作和老工业基地、资源枯竭型城市转型

产业分工协作是城市群一体化发展的重要动力和重要特征。促进产业分工协作需要川渝两地加强合作，推动产业的合理布局和生产要素的共享共用。应学习上海临港、苏州工业园区等园区合作开发的成功管理模式，加快合作建设产业集聚、创新发展、对外开放的各类园区，支持探索建立区域创新、园区合作收益共享机制，鼓励共同出资设立产业转型、创业投资、科技创新和成果转化引导基金，深化成渝城市群内部产业的深度融合和合理集聚，避免不合理的产业竞争，推动形成目标统一、利益共享、有机融合的产业发展格局。同时支持和鼓励东部发达省份与成渝城市群的老工业基地、资源枯竭型城市转型合作设立产业转移和转型发展园区，共同推动这些老工业基地、资源枯竭型城市加快发展和转型。

（四）以中心城市都市圈建设为抓手推动成渝城市群形成合理的城市体系结构

合理的城市体系结构既是城市群一体化发展的基础，也是城市群持续发展的重要支撑。从目前的发展阶段来看，成渝城市群一体化发展的重点是：优化国土空间布局，以基础设施一体化和公共服务普及共享为着力点，推动成都和重庆两个中心城市各自的都市圈建设；统一规划建设都市圈内基础设施，加快推进都市圈内部城际铁路网建设，推动市域铁路向周边中小城市延伸，加强中心城市与都市圈内其他城市的各类交通基础设施的对接，构建同城化的通勤网络；扩大教育、医疗、文化等公共服务辐射半径，实现都市圈内公共资源普及共享；提高中心城市对周边中小城市的辐射带动作用，促进都市圈内老工业基地和资源枯竭型城市的发展转型。

执笔人：何建武

附　录
区域交通基础设施一体化的国际案例

区域交通基础设施一体化是都市圈/城市群发展的基础，国外典型的超大都市圈或城市群发展较早，在区域交通基础设施一体化方面有着丰富的经验。厘清国际典型城市群交通基础设施一体化特征，对我国城市群交通一体化发展具有重要的借鉴意义。

一、世界典型都市圈的交通体系特征及对我国都市圈发展的启示

（一）国际都市圈区域发展与交通一体化特征

1. 东京都市圈[①]

东京都市圈是日本三大都市圈之一，范围包括一都七县，即以东京都为中心，邻近千叶县、埼玉县、神奈川县3县，外围由栃木县、茨城县、群马县、山梨县4县组成。都市圈占地面积1.35万平方公

① 姜策. 国内外主要城市群交通一体化发展的比较与借鉴[J]. 经济研究参考，2016（52）：78-82.

里，占日本国土总面积的6%；[①]2015年总人口4379万人，总人口接近日本总人口的30%；人口密度为1214人/km^2，GDP总量占日本的1/3，城市化率达到85%，是日本的经济、政治和文化中心。

优先发展公共交通是东京都市圈交通规划的基本理念，并将其贯穿于历次的城市规划当中。东京都市圈将大量的资金投到建设轨道交通上，使都市圈拥有了全世界最密集的轨道交通网。其轨道交通，以东京站和秋叶原为中心，环形辐射布局。目前都市圈内有近万公里轨道交通，其中，2000多公里的郊区铁路，构成了东京都市圈公共交通的骨架。除了轨道交通，东京都市圈的海运业也相当发达。东京都市圈毗邻东京湾和太平洋，现有大小港口40个。大型港口主要集中在东京湾，港口之间有较为明确的职能分工，如东京港主要运输生活型货物。正因为港口间的职能分工，各港口之间的良性竞争，使东京湾稳定占据着世界最高效港口的地位。此外，都市圈还拥有功能划分明确的机场交通，如东京国际机场主要负责国内航班的客货运，成田国际机场主要承担国际航线的客运、货运。[②]

东京都市圈作为世界典型都市圈之一，在区域发展与交通一体化方面的主要发展历程及发展经验有以下三点。

一是分散首都功能。为限制东京都市圈无限扩展，从20世纪50年代开始，日本制定了一系列城市发展规划，采用规划绿化带、建设卫星城、实施新都心和科学城计划等，通过建设一系列副中心逐步转化为多中心、多圈层的城市空间结构。随着基础设施和城市功能的不断完善，东京市核心区职能在多个中心之间合理分工，促进区域内的

---

① 海宁中学地理组. 世界上最大的都市圈——东京. https：//www.sohu.com/a/217478562_500192.

② 冯怡康，马树强，金浩等. 国际都市圈建设对京津冀协同发展的启示[J]. 天津师范大学学报（社科版），2014（6）：7-12.

城市空间职能重组，逐步形成多中心、多功能、多圈层的城市体系。

二是良好的对外交通节点。东京城市群具有良好的对外交通节点。日本大量的港口和大空港交通均汇聚于此，为东京城市群的发展提供基础的交通保障。目前，东京城市区内的港口群集装箱货运量占日本全国的45%，仅成田国际机场货运量就占了日本空港总贸易量的68%。

三是发达的综合交通运输网络。东京都市圈内部交通主要由铁路和公路组成。其中轨道交通占主导地位，都市圈内包括JR线、私铁线和地铁线在内的轨道交通总里程数已达到3005公里，构成了多类型、多层次、多级别的综合运输网络，将都市圈中的各个城市紧密联合，发挥了城际公交的作用，承载了区域内85%的旅客量，堪称世界之最。另外，东京都市圈三环九射高速公路建设格局，与内部的轨道交通相互配合，共同组成了东京都市圈内立体交互式一体化的综合交通运输网络。

2. 纽约都市圈①

纽约都市圈横跨美国东北部10个州，北起缅因州，南至弗吉尼亚州，以纽约市为中心，拥有纽约、波士顿、费城、华盛顿、巴尔的摩五大城市，以及40个中小城市。都市圈13.7万平方公里，仅占美国国土面积的1.46%，但区域内聚集了超6400万的人口，占到了美国人口总数的22%；都市圈内制造业非常发达，城市化水平高达91%。

作为美国的经济贸易中心和全世界的金融中心，纽约都市圈由最初的单核城市圈逐步向多中心发展，伴随着各个中心城市的不断发展，城市之间的交通设施、能量和信息联系也愈发紧密。中心城市之间寻求合理的社会经济分工定位，各县的特色产业的多中心城市圈雏形形成。

---

① 姜策. 国内外主要城市群交通一体化发展的比较与借鉴[J]. 经济研究参考，2016（52）：78–82.

1950年以后，纽约都市圈中心城市之间关系逐步确立，中心城市得到快速发展，城市溢出效应明显，对周边地区起到极强的带动作用，使围绕中心城市的周边地区次中心城市逐步形成。随着经济圈与经济带的逐渐发展，最终形成了纽约都市圈多层次、多中心的空间格局。

从交通一体化角度来看，多层次立体交通网络是纽约都市圈发展的前提。纽约都市圈采取优先发展公共交通的策略，进而形成目前纽约都市圈公共交通运输体系由公共汽车、轨道交通、小汽车、轮渡与航空等综合运输方式构成的格局。其中，地铁和铁路为主，轮渡和航空为辅。[①] 其交通一体化发展的特点如下。

一是发达的航空运输业。纽约都市圈内拥有肯尼迪、纽瓦克和拉瓜迪亚三大机场，承担了全美超过2/3的国内航线，拥有通往世界各国的国际航线运输业务，是世界级的航空走廊。同时，纽约都市圈的机场还是超级交通枢纽，机场与铁路、公路等地面交通交汇成巨大的交通网络，航空运营运输服务的效率有了极大提高。

二是完善的内部交通运输网络。公路和轨道交通构成了纽约都市圈的内部交通，其中包括地铁、城轨（PATH）和通勤铁路在内的轨道交通承担了区内85%的客运量；而市域内的客货交通运输则以公路汽车运输为主，承担了市域内近50%的客货运量。同时，纽约都市圈内部不同类型交通站点交通接驳一体化发展成熟，实现了私家车与公共汽车、道路运输与轨道运输的便利换乘服务。

3. 大巴黎地区都市圈

大巴黎地区都市圈以巴黎为中心，包括巴黎省以及近郊3省份和远郊4省，面积达756平方公里，人口达1200万，全法国25%

---

① 冯怡康，马树强，金浩等. 国际都市圈建设对京津冀协同发展的启示[J]. 天津师范大学学报（社科版），2014（6）：7-12.

的劳动力和40%的研发人员会集于此，国内生产总值占到了法国的29%。[①] 其交通一体化与城市群的发展历程可分为三个阶段：

第一阶段（1965年之前）：内城发展期。该阶段法国经济处于快速发展阶段，随之人口也出现了大幅稳定增长。社会经济发展的同时也带来了交通设施的完善。至1950年，巴黎市区的铁路网已覆盖巴黎核心区及其周边小范围都市圈，同时建立了覆盖整个巴黎大区，并深入核心区的放射型市郊铁路网络。该期间巴黎地区的城市都有相应的发展和扩张，但整体呈现为松散式状态。

第二阶段（1965—1975年）：为解决20世纪60年代出现的人口增长、住房危机、交通设施落后等一系列城市发展问题，巴黎编制了1965年《巴黎地区城市总体规划》，引导巴黎在沿塞纳河、马恩河、卢瓦兹河河谷方向的城市扩展带建设新城，疏散中心城区过于集中的人口，与市区互为补充，构成统一的城市体系。在此期间，巴黎为迎合小汽车浪潮的到来，执行“机动化优先”的策略，并做出了世界上第一个成功实现人车分流的城规案例。1976年，巴黎在城市总规中首次提出公交优先战略。该战略实现了中心城和新城在内部交通和外部交通上的分化，城市内短途出行以机动化方式为主，外部则利用公交强化新城和中心城之间的联系，在此背景下巴黎的市域快线网（RER）开始发展。

第三阶段（1976—2009年）：为适应全球城市竞争的时代要求，“多中心”空间概念被整个巴黎地区所采纳，城市空间布局变得独立而有活力。在此期间RER进一步发展，沿城市发展轴线，在主城区中心区段增补地铁线快速通道，并通达新城中心。在外围，巴黎重点发展了环形有轨电车以串联主城节点，完善核心区轨道交通网络结构。

第四阶段（2009年至今），为巩固和提升巴黎在国际城市中的竞

---

① 李璐. 巴黎大区发展计划持续发力[J]. 进出口经理人，2015（5）：60-62.

争力，巴黎提出了“大巴黎计划”，希望通过重组交通，提升巴黎的国际影响力和可持续发展能力。为优化交通网络结构，解决巴黎大区的外围环向客流，有效衔接大客流量站点与经济中心，巴黎建设了长达130公里的“8”字形全自动化轨道快线，郊区的客运服务质量因此得到有效提升。①

整体而言，大巴黎地区都市圈交通一体化发展特点为以下两点。

一是发达的轨道交通体系。大巴黎地区都市圈主要通过建造快速、大容量的城市轨道交通网来解决城市化进程中的交通问题。地铁系统主要服务于巴黎中心城区的通勤，城际轨道主要解决巴黎中心城区与周边交通的互联互通，而大巴黎都市圈内各中心城市的联通则主要由高速铁路完成。

二是多种交通方式均衡发展。大巴黎都市圈内除发达的轨道交通外，飞机、汽车、轮船等交通方式发挥了重要作用。巴黎市近郊有戴高乐机场、奥里机场等大型国际机场。都市圈除密集的高速公路网和铁路网外，还有密集的海港，如著名的阿姆斯特丹港。巴黎市有60条市区公交车线路、240条郊区线路以及多条夜间运营线路。巴黎市政府还在开展延长地铁线、扩建有轨电车、优化出租车管理、提倡自行车出行等一系列促进都市圈通达性的工作。

（二）国际都市圈交通一体化发展对我国的启示②

1. 市域快线在区域交通体系中具有重要作用

从国际都市圈交通体系特征来看，交通体系中市域交通最为重

---

① 吴育芬. 巴黎大区城市空间与轨道交通网发展的关系分析[J]. 城市轨道交通研究，2014，17（6）：4–10.

② 张梦然. 都市圈背景下的多层次轨道交通一体化研究[A]. 中国城市科学研究会数字城市专业委员会轨道交通学组，中铁电气化局集团有限公司，中城科数智慧城市规划设计研究中心；智慧城市与轨道交通2019[C]. 北京国建信文化发展中心，2019：6.

要。例如，东京都市圈交通主要目的为疏散市中心交通压力，保证中心城区和外围区域的有效联系，按照类型可以分为市郊铁道（国铁和私铁）、地铁和中低运输轨道交通，其中，国铁和私铁组成的市郊铁道系统共计4475.9公里，占到东京都市圈轨道交通总规模的80.8%（见图1a）。纽约都市圈和巴黎都市圈的轨道交通均具备类似特征（见表1）：纽约都市圈的市域快线系统占线网总规模的84.1%（见图1b），而巴黎都市圈的市域快线所占比例也远远超过地铁系统，占比86%（见图1c）。

表1　　典型都市圈轨道交通运营里程

<table>
<tr><th>都市圈</th><th colspan="2">轨道交通制式</th><th>运营里程（km）</th><th>备注</th></tr>
<tr><td rowspan="4">东京都市圈</td><td colspan="2">国铁</td><td>3127.4</td><td>JR线3006.7km</td></tr>
<tr><td colspan="2">私铁</td><td>1939.7</td><td>——</td></tr>
<tr><td colspan="2">地铁</td><td>354.5</td><td>——</td></tr>
<tr><td colspan="2">中低运输轨道交通</td><td>117.7</td><td>单轨、导轨、有轨电车等</td></tr>
<tr><td rowspan="3">纽约都市圈</td><td colspan="2">市域快线</td><td>2159</td><td>由长岛铁路、大都会北方铁路和新泽西运输铁路构成，服务半径20km ~ 70km</td></tr>
<tr><td colspan="2">地铁</td><td>36条，394</td><td>分布于曼哈顿区、布朗克斯区、布鲁克林区、皇后区4个区，服务半径20km以内</td></tr>
<tr><td colspan="2">中低运量系统</td><td>13</td><td>——</td></tr>
<tr><td rowspan="5">巴黎都市圈</td><td colspan="2">高铁（TER/TGV）</td><td></td><td>服务半径大于50km</td></tr>
<tr><td rowspan="2">市域快线</td><td>区域快铁（RER）</td><td>624</td><td>服务半径15km ~ 30km</td></tr>
<tr><td>远郊铁路</td><td>1048</td><td>服务半径30km ~ 90km</td></tr>
<tr><td colspan="2">地铁</td><td>220</td><td rowspan="2">服务半径小于15km的中心城区</td></tr>
<tr><td colspan="2">有轨电车</td><td>6405</td></tr>
</table>

资料来源：综合参考第159页脚注2制作而成。

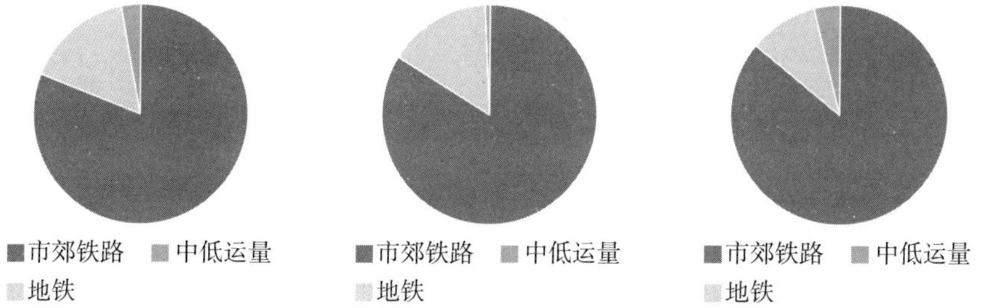

a）东京　　b）纽约　　c）巴黎

图1　国际都市圈轨道交通制式分布比例

资料来源：综合参考第159页脚注2制作而成。

相较而言，我国的城市轨道交通结构则表现为类型单一、地铁独大的特征。至2017年底，我国轨道交通开通运营线路5033公里。其中，地铁、轻轨单轨、市域快线的占比分别为77.2%、6.7%、10%。市域快线的比例远低于国外各大典型城市的轨道交通制式分布情况。

2. 交通方式有机衔接是交通一体化的支撑

在典型国际都市圈的交通体系中，不同交通方式的有机衔接是不可分割的一部分。东京都市圈目前已经实现不同交通方式的全面互联互通，各类交通方式之间有效衔接，换乘便利，通达性极强。首先东京都市圈的市域快线中的部分私铁与地铁共线运行，促使市域快线可以通过地铁网络直接进入市区中心，而大量快线和地铁在都市圈核心区交汇，形成诸多多线换乘枢纽，从而实现有效接驳。纽约都市圈市域快线则采用“主线＋支线”的组合方式，促使区域内市域快线形成了线路长度长、车站灵活布置与其他公共交通衔接便利的特点。纽约市中心区将中央火车站和宾州火车站作为大型交通枢纽，通过促进城际铁路与地铁的高效换乘，实现了郊区线路与市区线路的有效衔接，为郊区通勤客流提供了便利条件。相较而言，我国目前在轨道交通互联互通方面还处于起步阶段，城市群内部缺乏综合型交通枢纽，不同交通方式之间难以做到有效换乘，阻碍了区域交通一体化进程。

3. 根据职住分离特征规划轨道交通线网形态

职住分离是都市圈需要解决的主要问题之一，从国外典型都市圈交通系统规划来看，通过交通规划来解决大量就业人群的职住分离问题，引导都市圈内城市空间结构优化是都市圈交通规划的要点。东京都市圈、纽约都市圈和巴黎都市圈虽然均为强中心型城市，但城市的职住分离格局存在很大不同，反映在三者的轨道形态上也存在极大的差异。东京大量就业者居住在市郊而在市中心就业，由此产生大量郊区—中心区的通勤需求。为解决这部分人群的通勤需求，东京都市圈的交通系统中通勤快线占了重要比重。纽约都市圈大量就业人口集中在市中心居住，这就对核心区内部的交通运营能力提出了极高的要求。因此，在纽约都市圈的交通体系中，地铁系统占了重要地位，并具有规模庞大、布局和运营系统复杂的特点。相对于东京和纽约都市圈，新增就业岗位主要分布于多个副中心的巴黎都市圈，则随着市区居住人口的上升调整了其交通体系布局，促使其交通体系从中心放射性线路逐步转变为加强主次中心之间快速联络的线路，以适应次中心就业人口的增长和城市空间布局的优化。

二、世界典型城市群的交通一体化特征及对我国的启示①

（一）世界级城市群的交通体系

1. 日本东海道城市群

日本东海道城市群，是通过高速新干线连接的东京大都市圈、阪神大都市圈和名古屋大都市圈三大都市圈，以及濑户内海沿岸和北九

① 余柳，孙明正，王婷，鹿璐. 城市群交通一体化发展国际经验借鉴与中国路径探讨[J]. 道路交通与安全，2015，15（4）：1-7+14.

州地区集合而成的多核型城市群。该城市群面积约 10 万平方公里，占全国总面积的 20%，全国 80% 以上的金融、教育、信息和研究开发机构，65% 以上的工业企业均汇集于此，城市群总人口占到了全国总人口的 60% 以上，是日本政治、经济、文化活动的中枢地带。其中，东京都市圈作为东海道城市群的核心是世界上最大的城市集聚体。

日本东海道城市群区域交通对城市群空间结构的演化产生了重要影响。东海道城市群的区域交通建设可从 1872 年东海道地区第一条铁路——官营铁路的开通算起，随后 1889 年东海道铁路干线也开始运营，为关东与关西经济的要素流动提供了便利条件，推动了城市群一体化的发展。1958 年开始，日本着手建设东海道地区高速路，1969 年高速路全线通车，三大都市圈主要交通干线均与高速公路联通，高速公路成为东海道城市群的公路主动脉。东海道城市群内高度一体化的铁路和公路设施，最大的港口群体和完备的航空网络，极大促进了城市群空间格局的优化和生产规模水平的提高，为城市群的区域分工协作，以及参与国际化的分工创造了有利条件。①

2. 美国东北部城市群

美国东北部城市群既是美国高度城市化的地区，也是世界上公认的综合实力最强的城市群。其以大纽约市为主中心城市，北起波士顿，南至华盛顿，覆盖 12 个州、40 个 10 万人以上的中小城市，拥有波士顿、费城、巴尔的摩、华盛顿哥伦比亚特区 4 个副中心城市，面积约 13.8 万平方公里，占美国国土面积的 1.5%。2015 年，美国东北部城市群人口达 0.72 亿，占全国总人口的 22.4%，经济总量则占到全国的 22.3%。② 美国东北部城市群内超高的人口密度和经济发展需求，对建

---

① 李荣欣. 日本东海道城市群建设启示录[J]. 前线，2018（4）：76–78.

② 尹德挺，史毅. 人口分布、增长极与世界级城市群孵化——基于美国东北部城市群和京津冀城市群的比较[J]. 人口研究，2016，40（6）：87–98.

立城市群内各城市之间以及城市群与外围城市之间的高效交流渠道提出了巨大的挑战。

发达的交通网络是城市群的骨架，是形成城市群的重要条件。为了满足各地区间频繁的交流往来，美国东北部城市群在内部各都市圈之间、都市圈内部中心城市与其郊区之间，以及中心城市内部发展了由高速公路、铁路、机场、港口等多种交通基础设施共同组成的多层次的网络化交通系统，极大地增加了城市群内部各区域之间的紧密联系度，为城市群协同发展及一体化进程提供了保障。① 发达便捷的多层次一体化交通系统在改变城市发展形态的同时，也促进了城市空间结构的不断调整和优化。

从各类交通系统来看，美国东北部城市群不同交通方式布局合理，功能明晰。首先，城市群内部高速公路网络完善，串联了区域内几乎所有城市。轨道交通方面，铁路网络分布主要在东北至西南方向，主干道起于波士顿，经纽约到达华盛顿，是城市群内各中心城市之间的主要链接网络；各中心城市与其周边远郊地区的交通则以轻轨为主，并通过远郊区短途客运接驳而扩大轻轨对中心城市周边地区的辐射范围，对周边地区社会经济发展起到良好的带动作用；城市内部交通主要由轻轨和地铁构成的便捷交通网络体系承担，以满足城市居民大量的日常出行需求。另外，美国东北部城市群 5 个中心城市内分布有包括费城国际机场、肯尼迪国际机场、洛根国际机场等在内的 9 个大型机场，各中小城市之间存在发达的航空交通网络体系。而城市群内部还有发达的港口交通，其中纽约、波士顿、费城、巴尔的摩等中心城

① 王悦欣，韩宝明，李得伟. 美国东北部城市群多层次轨道交通系统研究[J]. 都市快轨交通，2015，28（1）：129-132.

市均拥有重要港口，并形成分工合理的港口群。[①]

3. 欧洲西北部城市群

欧洲西北部城市群以法国巴黎为中心，主要城市沿塞纳河、莱茵河延伸，总面积达 145 万平方千米，主要城市除巴黎外，还包括阿姆斯特丹、鹿特丹、安特卫普、布鲁塞尔和科隆，以及其他 40 余座 10 万以上人口城市，总人口达 4600 万人，是世界上最大的跨国城市群。

欧洲西北部城市群是一个相对较为松散的多核心城市群，内部包含三大都市圈：大巴黎都市圈、荷兰兰斯台德都市圈和德国莱茵—鲁尔区都市圈，各都市圈之间主导产业突出、产业分工多样化、技术创新氛围浓厚，是全球最富有竞争力的城市群之一。[②] 欧洲西北部城市群内三大都市圈由洲际高速列车串联，为城市群协同一体化发展提供了便利条件。另外，城市群内部稠密的铁路和公路以及航空网络促进了城市群与欧洲乃至全球的紧密联系，促进了欧洲城市群融入世界城市网络体系。

（二）世界级城市群交通一体化发展对我国的启示

1. 完善的综合交通运输体系是城市群发展的基础

全球范围内的城市群发展经验表明，便捷的交通基础设施是一体化发展的重要支撑，是城市群发展的“骨架”。比较典型的案例要数美国东北部城市群的东北走廊，这里有占全美国 75% 的通勤客流，有超过一半的铁路列车从这里出发。机场方面，这里集中了美国最繁忙的 30 个机场，有 30% 以上的航班，约占全美 1/5 的货物流通量。在这些完善的交通基础设施支撑下，东北部城市群各城市之间的客货

---

① 潘芳，田爽. 美国东北部大西洋沿岸城市群发展的经验与启示[J]. 前线，2018（2）：74–76.

② 李娣. 欧洲西北部城市群发展经验与启示[J]. 全球化，2015（10）：41–52+15+134.

流通更加繁忙。

东海道城市群是另一个著名案例，东海道新干线、在来线（日本铁路用语，意指新干线以外的所有铁道路线）、东名高速、名神高速等交通干线的建设对于东海道城市群综合运输体系的完善起到了基础性作用，促进了关东地区的经济发展和社会交流，推动了城市群的一体化进程。

2. 城市群交通发展模式存在空间异质性

日本主要以轨道交通为主导。日本城市群的特点是人口密度极高，土地资源相对更为紧张，城市区域的发展主要沿着轨道交通延伸。从东海道城市群铁路路线分布与人口分布来看，不管是都市圈还是城市群，人口集中区基本上沿着轨道交通分布。

欧美模式主要以公路交通为主导。与东海道城市群相比，美国在土地资源方面较为充足，人口密度相对也较低。特别是在第二次世界大战后，美国政府采取了一系列发展公路交通和小汽车的政策，使小汽车成为美国家庭最主要的交通工具。在汽车产业的推动下，美国郊区化进程加快，城市蔓延趋势快速，在东北部城市群内，主要城市之间 90% 的客货运输都通过公路进行。

西北欧城市群的公路交通尤其是高速公路承担着大部分的客货运输，这一比例达到了 70% ~ 80%。此外，有些国家因为自然地理条件因素，非公路运输分担比例也较高，如水运在荷兰货运中占有重要的作用，在德国和法国，铁路、水运和管道交通比例也较高。

3. 多层次轨道交通网络满足城市群不同圈层功能需求

从各大国际城市群交通的空间圈层分布特点来看，轨道交通圈层特征明显：15 公里范围内，主要通过地铁网络来满足出行需求；城市群 70 公里范围内，铁路和城市快线是重要的通勤手段；70 公里半径范围外，主要通过高速铁路（如日本新干线、法国高速列车 TGV、美国阿西乐快线）满足城市群主要城市之间的商务出行。

4. TOD 等交通综合枢纽结合城市功能区成为城市群的重要节点

日本东京是城市综合交通运输枢纽开发的前沿城市，围绕综合交通运输枢纽进行高强度的土地开发，比如东京站、新宿站等综合交通运输枢纽容积率超过 10，并且融合了商业、办公、休闲娱乐等多重功能，既能满足出行需求，也能满足居民的日常多样化需求。此外，东京的 TOD 将公交站、出租车站、地下停车场和商店、银行、商业街等多重功能区布置在同一建筑物内部，通过地下通道联系在一起，保证了各处的可达性。据东京都市圈的交通调查显示，东京综合交通运输枢纽客流 88% 依靠步行进行疏解。

5. 土地开发与轨道交通一体化建设，推进可持续投融资体系建设

不管是国外还是国内，大规模和跨区域的综合交通运输系统建设都需要巨大的资金支持，特别是建设周期长、投资规模大的轨道交通。大量的国内外经验表明，仅仅依靠政府的投入很难完成大规模的基础设施建设，只有将交通基础设施建设与沿线土地开发相结合，用土地开发收益反哺交通基础设施建设和运营，才能实现交通基础设施良性运转。

日本的“铁路 + 房地产”就是很好的案例。早在 20 世纪初，阪急电铁公司就开发了一个郊区住宅项目，此外，还开启了包括休闲娱乐在内的铁路营运。第二次世界大战后的快速城镇化时期，这种模式更被全面推广，为私营铁路的发展奠定了基础。

6. 破除行政壁垒，建设区域协调机制

破除行政壁垒是城市群一体化发展的必然趋势，从国际上来看，美国的交通专区、德国的交通联盟都是重要的一体化发展经验。20 世纪 20 年代，美国已经进入了大都市化的发展阶段，为解决各城市之间的发展矛盾，实现区域协调管理，美国进行了多方尝试，如政府间的协议、交通专区等。交通专区在行政和财政方面均具有独立的地位，是美国都市圈发展的重要的制度创新。交通专区的建设，主要是为了协调都市区内交通基础设施建设、运营和服务，如纽约港务局就是典型案例。

德国的交通联盟或者交通运输协会对区域交通的发展有着重要的协调作用。交通联盟负责区域内公共交通标准的制定、服务质量和数量的监管，最大程度地为乘客提供城际公交服务。如莱茵—鲁尔交通联盟就是欧洲最大的交通联盟。

执笔人：史雅娟